Moral Dimensions

Permissibility, Meaning, Blame

政治哲学丛书　万俊人 主编

道德之维

可允许性、意义与谴责

[美] 托马斯·斯坎伦（Thomas M.Scanlon）◎著

朱慧玲 ◎译

中国人民大学出版社

· 北京 ·

总序

我们为何需要政治哲学？

万俊人

摆在您面前的是我和道友们一起努力推出的“政治哲学丛书”。如果您步入书店选购书籍的目的不仅是为了获取某种专门的知识信息，而且还想通过语言、图画或符号的阅读，进入我们共同的生活世界，那么，很可能这套丛书会或多或少地满足您的心愿。我们和出版社共同编辑出版这套丛书的唯一愿望，正在于使读者在获取政治哲学之前沿学科知识的同时，也能够获取一些有关我们这个世界的生活信息，尤其是那些关乎我们社会生活之重大问题的政治信息，虽然我们努力的结果也许并不一定全部达成了我们的初衷。

一

在当今国内林林总总的“丛书”中，以“政治哲学”命名者似乎少见。而且，在我国现行的高等教育之学科体制的设置中，“政治哲学”一直都没有取得合法的学科名分：在“政治学”一级学科的名目下没有“政治哲学”，在“哲学”一级学科（甚至是学科门类）的名目下，同样没有“政治哲学”，尽管从事这两门学科教学和研究的师生们很早就或多或少地（而且，近年来则越来越充分地）意识到，这一学科设置的缺陷有可能甚或实际上既大大减弱了我国哲学研究的现实关切能力和参与能力，也降低了我们的政治学研究和教学的理论水平。然而，无论是政治学还是哲学，从来都不可能省略政治哲学的现实关切而超然于社会政治生活之外，也无法逃避对社会政治问题的哲学追问。

作为古希腊文明的两大最伟大的文化发明——即关乎高尚灵魂和精神的哲学与关乎健壮体魄和肉体的奥林匹克运动会——之一，哲学自她诞生之初起便将社会政治生活（城邦—国家）作为其最重要的辩证与反思课题：关于人类外部世界的惊异和探究同关于人类自身生活世界的困惑和探究，同样都是考验人类“爱智”（即“哲学”，“philosophia”）能量和求智意义的基本考题。作为西方第一位“百科全书式的学者”，伟大的哲学家亚里士多德在开始对人类知识的学科分类时，便明确地划分和界定了“哲学”的知识谱系，其中，政治与伦理成为两个研究人类之善的基本哲学分支，分别探究人类社会（城邦—国家）的政治大善与人类个体美德的小善。进至中世纪，政教合一，神道一统，“上帝之城”虽然高居“世俗之城”之上，然而，上帝制定的“自然法则”和“自然秩序”既是“上帝之城”的神圣秩序，也是“世俗之城”的必然秩序，它上承天意，下辖芸芸众生。近代启蒙运动变革世界和创新人道观念的诉求，直接指向了社会基本结构和政治制度的根本转变，政治与革命便一度成为哲学的中心主题：无论是近代社会契约论者还是非（反）社会契约论者，无论是启蒙思想家还是以其他名义思考的思想家，尽管他们各自的思想理路与政治目标相互见异，但对现代国家民主政治的理论吁求和哲学反思却不约而同：自由民主成为新的政治理念和理想，并被赋予各种不同的哲学证明。

我国传统文化虽以道德伦理见长，然而，无论是先秦诸子百家还是其后历代诸学的流衍和发展，从来都未曾轻视和忽略国家政治生活的大道，儒家标示的“八目”更是把对外部世界的认知把握与人类内在世界的体认修养相互融贯，最终指向“治国平天下”的“政”（正）“治”目标。“格物”在“致知”，“正心”在“诚意”，“治国”在最终实现“天下平”的伟大志向。尽管人们对于“政治儒家”的论理言路与实践方式仍心存余悸，且对儒家之“道德政治化”或“政治道德化”的基本主张多持批评态度，但儒家乃至整个中国传统文化对国家政治的持续而强烈的关切姿态和丰富的理论探究成果，仍然值得我们尊重。我们的先贤们运用他们独特的理智和经验建构了“中国特色”的中国政治哲学范式。

或可说，政治与哲学从来就自然而必然地相互交织着，构成了人类反思自我生活世界中政治社会的重要向度和智慧结晶，只是到了现代，由于人们对社会政治的公共结构转型和哲学自身过度的现代认知主义诉求，才使得政治与哲学的原始关联发生动摇和改变，以至于政治哲学在现代性的哲学语境中成为一个有所存疑的概念。著名西方现代政治哲学（史）家列奥·施特劳斯在其《什么是政治哲学?》和《现代性的三次浪潮》两文中先后指正并提醒人们深刻地反省西方政治哲学的衰败历程：自文艺复兴时期意大利政治思想家马基雅维利的“权力（术）政治学”开始，西方政治哲学经历了三次“现代性思潮”的连续冲击：马基雅维利把人类对政治主题的哲学追问变成了一种地地道道的追逐政治权力的势力游戏，甚至是纯粹的玩弄政治权术的竞争技巧；18 世纪的卢梭一面高喊着自由和人权，一面却又吁求强大的“社会公意”的政治集权，结果使政治的哲学言说蜕变为了一种浪漫主义政治与理想主义道德的混杂物；而 19 世纪末期的尼采似乎真的成了西方经典政治哲学的末日，“权力意志”或“强力意志”成了人类政治与道德的唯一目标。如果我们再仔细审查一下这一思想演进过程中曾经出现的霍布斯的“自然权利政治学”和洛克的“财产政治学”，那么就更容易看出，由柏拉图、亚里士多德所奠立的古典政治哲学模式实际上已然被权力或权力技术、财富、力量和个人主义的政治意愿等非道德的政治关切所消解，其间最为关键也最为要害的问题正在于，近代以降的西方政治家、政治思想家和法学家们越来越相信并最终皈依了这样一种“现代性”的理念：“把恺撒的还给恺撒，把耶稣的还给耶稣。”换句话说，现代人最终似乎成功地将政治与道德隔离开来，朝着所谓“政治中立”或“无道德的政治”义无反顾地前进着，仿佛在不断接近现代人所坚信不疑的进步主义理想目的。然而，正是这种单向度的政治思维最终断送了政治哲学本身，使其在现代政治思想语境中不再可能，也难以可能。

也许，我们不应完全听信施特劳斯对“现代性思潮”的政治哲学史反思，更不必全盘接受他关于政治哲学已无可能的理论诊断，但我们的确需要重新思考一些如下问题：究竟何谓政治哲学？我们需要何种政治哲学？我们为何需要政治哲学？由于前所备述的我国哲学学科之高等教育体制设置的政治哲学缺席，尤其是面临建设社会主义“政治文明”这一当代使命，中国当代哲学以至当代整个中国政治社会对这些问题的解答，很可能显得格外紧迫和突出，其知识价值和实践意义当然也就更加重大。

二

仍然按照施特劳斯的解释，所谓政治哲学，既不同于“政治学”本身，也不同于诸如“政治理论”、“公共行政管理科学”一类，因为它不是关于“政治事务”和“政治治理技术”的研究，而是关于“政治事务之本性”的研究，因而它不可避免地要涉及有关政治之善恶好坏，政治行为之正当与否，政治理念（理想）之高尚与卑劣，以及国家政治之终极理想和至善目的的价值学暨形上学研究。这也就是说，政治哲学不仅要追问政治事务本身的技术合理性和政治合法性问题，还要追问政治事务——包括政治行为，尤其是政治家的行为——的政治合目的性和道德正当性等深层的政治伦理意味。再进一步用哲学的话语来说，政治哲学关于人类政治社会的一切事务和行为的理论追问是没有限定的。因为哲学研究的目的并不为了占有真理，也从不宣称自己拥有真理，而只是且永远是为了追寻真理。在哲学的视野里，没有终极真理。因此苏格拉底才会说，哲学家的品格是，他永远“自知其无知”，永远处在无穷的追问和求知过程之中。

然而，哲学对人类政治事务的无穷追问和考究，并不意味着政治哲学必定要偏向于某种政治乌托邦而超脱于社会政治生活的现实情景，而仅仅意味着这样一种基本的理论姿态和思想方法：在政治哲学的视阈中，一切政治现实——无论是既有的政治理念，还是既定的政治制度系统，抑或是现行的政治实践——都是有待人类自身不断进行理性反省和批评改进的，都开放地面对一切合乎理性的政治批评和哲学追问，因而它所关切的就远不止是政治事务的“现实合理性”，政治行为和政治制度建构的技术合理性，更重要的是政治目的或目标的道德正当性和政治完善意义。这正是为什么完善主义和政治伦理意义上的理想主义始终是政治哲学的一个不可省略的理论向度之内在缘由所在。

政治哲学的这一理论定位，决定了它不得不把自身关注的理论重点放在那些隐藏在政治事务之中、政治事务背后和政治事务之未来理想的“隐性”的或者是潜在的重大问题的探究之上。诸如，人类为什么要缔结不同样式的社会？为什么他们会组成不同类型或性质的国家？人们据以组建政治社会或国家的基本原则是什么？人类社会为什么会出现不尽相同的政治政体和政治生活方式？民主作为一种人类共同向往的政治生活目标为什么会因自然环境和社会、历史、文化甚至社会心理条件的不同而呈现出各种不同、甚至相反的观念理解和实践模式？为什么人们对国家政治、政府和政治家们的政治期待不仅仅是政治治理的技术合理性和行政效率，而且还有政治治理的目的正当性、政治秩序的公平正义和“道德的政治家”（康德语）？为什么人类始终不能放弃对诸如美好社会的向往和更高期待，即使无数严峻而残酷的政治挫折、乃至政治失败使得人类的政治乌托邦追逐遭受一次又一次的沉重打击？现代民主究竟是多元的还是一律的？或者说，是否存在某种普世有效的现代民主模式？如此等等，不一而足。

迄今为止，人们对上述这些问题的解答各种各样，始终未有归宗，即使是在同一个国家或地区处在相同时代背景下的政治哲学家们，也难以达成哪怕是基本一致的理论结论。近代以来，欧美世界一直引领着——在某种意义上或者在某一特殊历史阶段，甚至是宰制着——我们这个世界的现代化进程，包括现代市场经济、政治民主、科学技术和世俗文化的发展进程，这一点似乎毋庸讳言。然而，自 17 世纪中叶英国率先跨入工业革命和有限民主政治的现代化社会进程以来，从来就没有出现过单一的政治哲学模式一统天下的局面，尽管自由主义作为一种资本主义的意识形态逐渐占据了整个西方社会的主导观念地位。所谓“新的”或“老的”自由主义，所谓“激进的”或“保守的”保守主义，所谓“开明的”或“保守的”共和主义，以及形形色色的“无政府主义”、“极权主义”、“社群主义”，有如一部历史连续剧中的不同角色，“你方唱罢我登场”，“各领风骚三五年”，或声调高亢如急风暴雨，或娓娓道来如行云流水；或独白如君临天下，或旁白如插科打诨；或针锋相对如对簿公堂，或随声附和如百鸟齐鸣……这“百花齐放、百家争鸣”的思想景观提示着我们：如同人类社会文明的沃土孕育了多种多样的政治生活形态一样，人类不同的政治生活经验和政治智慧也催生了多种多样的政治哲学！

民主被看做是人类政治生活的共同期待和最高理想。可是，在共同的政治期待和政治理想追求中，无论是人们的经验直觉还是不断深入的政治反思，都昭示出一个严肃的政治哲学问题：民主作为一种政治理念或者作为一种政治实践，都不具有终极真理的意义，绝对不是一种“放之四海而皆准，俟之万世而不变”的政治真理或政治“制式”。所谓“多数人的民主”或“一人一票”，所谓“间接民主”或“直接民主”，所谓“代议制”或“政党制”，所谓“简单民主”或“复杂民主”等等，一切似乎都印证了一个朴素而显见的道理：民主不应是一种政治制度或政治体制的统一标签，而只能被视为一种政治精神或者一种政治理念。民主政治绝不只是意味着某一种社会政治制度，甚至是某一种政体形式，它更多地意味着一种政治理想：政治主权在民！一切权力属于人民！因此，理解和实践民主政治的关键，不是简单地架构、仿制、输出甚至强加某种政治制度或政治体制，而是把握和坚持人民为本、主权在民的根本政治原则。

由是观之，一旦我们真正理解了“何谓政治哲学”，“我们需要何种政治哲学”的解答也就自然而然了。原来，“我们需要何种政治哲学”同我们实际的政治生活条件和具体的政治实践环境是相互关联的：从根本上说，后者实际上预定了我们需要并可以选择“何种政治哲学”的界限和可能。我们对政治哲学的需要是“内生的”而非外部启蒙或外在赋予的，因而我们对“何种政治哲学”的选择也必定是内在主体性的而非外在施加的或外部启蒙的。在开放的现代世界里，学习他者，包括学习各国各地区的政治经验和政治智慧，学习各种睿智有益的政治哲学思想，不仅重要，而且必须！因为当我们不得不选择并决然摆脱传统政治社会、坚定地迈向现代民主政治时，我们也就置身于一个开放多元、互竞互动的大千世界，孤独自闭终将导致自我被抛乃至自我消亡的恶果，更何况作为一个后起的发展中国家，我们比任何时候、任何竞争伙伴都更需要向他者学习！然而，学习作为学习者的美德首先且根本上在于创造性的学习，而非简单模仿。创造性的学习前提必定依赖、也只能依赖于作为学习主体的学习者自身，尤其是其自身独特的政治实践经验和政治智慧。

三

最后，我们来简单地谈谈“我们为何需要政治哲学”的问题。这个问题之所以重要，主要是因为它本身涉及一个需要我们特别关注和思考的“现代性”问题，即当代德国著名哲学家和社会批评理论的杰出代表哈贝马斯所谓的“现代社会结构的公共转型”问题，用政治哲学的话语来说，也就是阿伦特所说的“复兴政治的公共性”问题。

早在古希腊时代，亚里士多德就曾经指出，政治哲学关乎“城邦国家”的“至善”。作为政治实体的“城邦国家”是所有形式的社会共同体中最大也是最重要的政治共同体，正如“城邦国家”高于个人和各种形式的社会共同体一样，“城邦国家”的“至善”也高于个体美德之善。这实际上已然揭示了国家的政治公共性和价值（“至善”）首要性。然而，在传统社会和古典政治哲学中，国家的政治公共性与公民个体的美德私人性之间并没有严格明确的分界，社会生活的公共领域与私人生活领域之间也没有被严格地划分开来，即使在近代早期，在公与私、国家与个人、政治与道德之间，也仍然保留着千丝万缕的联系而未见明确的分界。只是到了现代，所谓“公共生活领域”与“私人生活领域”的分界才逐渐变得明朗起来，而迄至今日，公私领域的分界则越来越被人们看做是不可逾越的“防火墙”，甚至成了——至少是在现代自由主义政治哲学家的视野里——政治与道德分离的根本原因或者必然结果。

作为原因，公共生活领域与私人生活领域的分离被视为现代民主政治的进步标志，其基本的政治要求是自由人权与公正平等，而无论是自由人权还是公正平等，最根本的政治基础都只能是基于社会基本政治制度建构和安排的基本政治权利与政治义务的公正分配和政治保护，而不再关乎个人的道德伦理品格——“道德应得”（moral desert）不能成为基本的政治考量，相反，一种公平的政治制度安排（分配）和社会公共治理（政府）恰恰需要尽量减少甚至完全摆脱诸如个人道德伦理、宗教信仰、人格心理等非“公共理性”因素的干扰。这就是所谓“把恺撒的还给恺撒，把耶稣的还给耶稣”的根本含义。作为结果，政治与道德的分离被看做是公私两个生活领域明确分界的必然产物：道德只是纯粹的私人事务，政治则关乎公共大事，两者不可混淆，更不能相互替代。

在西方现代民主政治的建构历程中，“政教分离”曾经被看做是最重要的政治变革成就之一。今天，新自由主义政治学家和政治哲学家们又普遍地确信，“政治中立”或“中立性原则”已经成为民主政治是否正当合法和普遍有效的根本前提。滋生并强化这一确信的正是现代公共社会的结构性转型。具体地说，在现代社会里，公共领域日趋扩张，私人领域则不断萎缩，并且，前者对后者的挤压仍在不断加强。现代社会公共化程度的不断提升，客观上使得政治和法律的重要性不断凸显，道德伦理的社会功能则相对弱化。现代人的一句口头禅是“现代社会是法制社会”，仿佛现代社会已然不再是道德伦理的社会。这诚然一方面反映了现代社会日益强化的公共化趋势，另一方面却也或多或少反映了现代人和现代社会的一种普遍心态，我们不妨将其视为一种政治的“现代性心态”，它所蕴涵的主要意味之一，便是现代人和现代社会日益明显的“制度依赖”或“公共化路径依赖”心理。

正如许多现代自由主义批评者们所指出的那样，值得我们注意的是，这种“制度依赖”已经不仅让现代人和现代社会越来越轻视道德伦理，也使我们越来越疏于政治的哲学反思而醉心于公共行政管理的科学技术要素和“显性”制度的约束功能。结果便是施特劳斯所感叹的政治哲学不再可能，可能且日益昌盛的是政治学、公共行政管理学和政治理论研究。然而，我们的问题依然存在：公共生活领域与私人生活领域是否能够截然分开？作为公民个体的个人与作为自然生命的个人是否可以全然分离成为两个完全无关的人格主体？政治与道德是否能够全然分开？或者更直接地说，一种“无道德的政治”是否真的可能？倘若可能，它是否是现代民主政治的必然归宿？若如此，民主政治是否能够长久地成为人类的政治期待？凡此种种，已经引起了现代政治家和政治思想家们的广泛关注和深刻反思，不要说当今的共同体主义和共和主义政治哲学思潮，就是“新公共行政管理学派”和新制度主义政治学学派也对此有了越来越清晰的认知和理解，而这种关注和反思本身便是我们仍然需要政治哲学的基本明证。或许我们可以这样说，现代公共社会的结构性转型非但没有削弱政治哲学的基础，反倒是强化了现代社会对一种或多种新的政治哲学的期望。

于是，我们有了编辑出版“政治哲学丛书”的充足理由：社会生活的公共化趋势凸显了现代人和现代社会寻求“公共理性”的紧迫与意义，而一种健全的“公共理性”寻求恰恰隐含着对政治哲学的深远期待！

2010年4月于北京北郊悠斋

目　录

前　言

本书源于伦理学与法哲学学会的诸多讨论。区分有意造成的结果与可预见的结果所具有的意义，是这一团体近二十年来经常讨论的一个话题，也是该团体内部发生重大分歧的主题之一。而我也总是进退维谷。这一区分似乎与我在诸多情形中关于对错的判断相当吻合——比我所能想到的其它论证都要吻合。然而，我却不能解释行为主体在态度上的差别为什么应当具有道德重要性；我也不能反驳朱迪丝·汤姆森（Judith Thomson）和其他人所举出的反例以维护这种区分。1996 年，我与朱迪（Judy）等其他人在一个主要涉及辅助性自杀的争论中，进一步讨论了我们是否应当将意图看作是一项重要的因素；这让我更加感觉到自己在这一问题上具有双重的理论缺陷：一方面，双重效应明显能够解释一些特殊的情形；另一方面，我却没有能力将它作为一种普遍的原则而加以辩护。

寄希望于在这一问题上获得某种站得住脚的观点，1999 年春天我在哈佛大学将它作为研究生讨论课的一个话题。在那个讨论课上，我非常幸运地遇到了一帮非常杰出的学生；他们愿意去钻研那些卷帙浩繁而又晦涩难懂的关于双重效应、谋杀以及放任死亡的文献。我当时的主要目的是要理解一项行为的可允许性是否能够取决于某特定伤害是出自行为者的意图，还是仅仅出自于他/她的行为的副效应；如果可允许性不能以这种方式取决于意图，那么我就要试图理解，为什么“它取决于意图”的观念似乎应当是合理的。到这学期期末的时候，我已经想出了一些临时的答案来回答这些问题，这些答案在几经修改之后，便成为本书的第一章内容。

因此，我首先要感谢伦理学与法哲学学会的成员们，他们多年来给我很多富有启发性的讨论；感谢哈佛讨论课上的那些成员，感谢他们具有的至关重要的敏锐性，感谢他们愿意为了追求一种隐蔽的目标而在各种争论的荆棘丛林中艰难跋涉。

2000 年夏天，我将本书第一章的最初版本提交给亚里士多德学会与心灵学会的联合会议；并以题为“可允许性与意图（一）”发
xi 表于《亚里士多德学会志》[*Proceedings of the Aristotelian Society*, Supp. Vol. 74（2000）：301－317]。乔纳森·丹西（Jonathan Dancy）是我的共同发言人，他的评论帮助我看到该文在很多方面还有可提高的空间。

本书四章内容都曾经作为学术报告在很多大学演讲过，并因此得益于我在那些场合所受到的诸多评论。具言之，第一、二、四章在纽约大学关于法哲学、政治哲学和社会哲学的讨论会上被讨论过；第三章的最初版本是我于 2004 年 11 月 16 日在牛津大学加雷斯·埃文斯纪念讲座（Gareth Evans Memorial Lecture）上的发言；第四章的最初版本是我于 2003 年 7 月在澳大利亚国立大学堪培拉分校的杰克·斯玛特讲座（Jack Smart Lecture）上发表的演讲，其后来的版本是我在宾夕法尼亚大学的塞伯特讲座（Seybert Lectures）和加州大学伯克利分校的豪伊森讲座（Howison Lecture）上发表的演讲。我衷心感谢所有这些场合中的听众，感谢他们进行了富有启发性的和有帮助的讨论。

德里克·帕菲特（Derek Parfit）是我最忠实的好友，也是人们能想象出的非常有帮助的批评者，他阅读了本书所有章节的各种版本。他的大量评论使我免于诸多错误，并使这本书变得比它本来要好得多。

本书还得益于其他一些阅读过或听过这些章节之各种版本的朋

友、学生和同事们的评论，他们（至少）有：哈里·亚当森、G. A. 柯亨、约书亚·柯亨、汤姆·多尔蒂、帕特里克·费尔南德斯、塞缪尔·弗里曼、乔治·加西亚、阿伦·加勒特、肯特·格里纳沃尔特、保罗·盖耶、帕梅拉·希罗宁米、瓦希德·侯赛因、阿伦·詹姆斯、弗朗西斯·卡姆、艾瑞·凯利、迈克尔·乔尔·凯斯勒、尼科·科洛德内、杰夫·麦克马汉、加帕·帕里卡萨伊、菲利普·佩迪特、罗伯特·波斯特、拉斐尔·罗道格诺、塞缪尔·舍夫勒、汤米·谢尔比、色阿娜·希夫林、约翰·西科尔斯基、安杰拉·史密斯、罗伯特·司达儿雷克尔、希格露恩·西瓦尔斯多蒂尔、丹尼斯·汤姆森、朱迪丝·汤姆森、亚历克·沃伦、杰伊·华莱士、拉尔夫·韦奇伍德和罗杰·威特海默。由于他们有益的评论与建议，我感谢他们所有人。我一如既往地感谢我的妻子露西对我的理解与支持。

导　论

双重效应（double effect）学说认为，一个旨在造成某无辜者死 1
亡的行为，不管是作为目的还是作为达到该目的的手段，都是错误
的。它尤其认为这种行为不能由于它所带来的好的结果——如挽救
了更多无辜者的性命——而得到辩护。这一学说的合理性源于它能
够解释某些令人困惑的情形。例如，当我们手上的药物有限，只能
在救某一个病人与救其他五个病人之间进行选择时，我们可以将药
物用来救治其他五个病人，即使这个人会死去；然而，我们却不能
拒绝给这个人进行药物治疗，以便这个人死后从他身上移植器官来
挽救另外五个人。根据双重效应学说，这一行为是不允许的，因为 2
与第一种情形不同，在第二种情形中，人们拒绝给这个人药物是为
了终止这个人的生命，是要把他当作挽救其他五个人的手段。

同样，许多人认为在战争中，我们能够轰炸一个军事目标，即使这会造成附近很多平民的死亡；然而，我们却不能轰炸同等数目的平民以涣散士气从而推进战争的结束。双重效应学说在这里似乎也提供了一种解释：在后一种情形而并非前一种情形中，人们可能旨在把牺牲那些无辜者（即没有威胁的人们）的生命作为一种达到目的的手段。

双重效应学说能够解释这些情形，这一点让它看起来颇具吸引力。然而，我们一点也不清楚，一个主体的意图怎样以这种学说所声称的方式决定一个行为是否可允许？据我所知，没有什么理论学

说能够令人信服地支持或反对由朱迪丝·汤姆森等人所提出的这一理论。

如果有人要反对双重效应学说——正如我所要做的那样，那么就必须面对两个问题：其一，如果这一学说并不能给我所提到的那些情形提供正确的解释，那么哪一种学说能够呢？其二，如果双重效应学说是错误的，那么它为什么能够给这些情形提供貌似合理的解释呢？在这种吸引力的下面隐藏着什么样的错误呢？

我认为双重效应之所以具有表面上的吸引力，是因为人们混淆了两种密切相关的道德判断形式，而这两者又基于同样的道德原则。第一种判断采取我所说的慎议性使用原则来回答可允许性问
3 题，亦即一个主体是否能够做某种行为。第二种判断采取批判性使用原则来评估一个主体在某种特定情形中决定做某事的方式。第二种判断取决于主体依靠什么样的理由来决定做什么。甚至当一个行为的可允许性并不取决于主体所采取的理由时，如果这两种判断没有被明确地加以区分的话，那么它也可能取决于主体所采取的理由。我将在第一章中详细解释这一点。

对双重效应学说为什么在表面上具有吸引力的解释，取决于一种特定的对道德可允许性的理解；而这一理解又导致了诸多更深层次的、关于怎样理解这一理论的支持者和反对者们之间分歧的问题。这一分歧可能决定了某些行为的可允许性或不可允许性。然而，这一分歧可能源于这样一个事实，即不同的派别正追问着不同的基本问题。很可能是这样一种情况：尽管许多双重效应的反对者关心可允许性问题，但诸多支持者则将其它道德观念——如善行的观念——作为基本问题。如果是这样，那么就会产生更深远的问题，即这些不同的道德观念是什么？基于什么理由而将其中的某一个观念而非其它观念，作为我们道德思维的核心？我在第一章中提出了这些问题，然而我并没有解答它们，因为这第一个问题最好是由双重效应的支持者们来解答。我希望我的论述能够引导我们更深

入地讨论这个问题。

我也没有给以上提出的第一个问题提供某种简单直接的答案，4
该问题是：如果双重效应学说并没有给我在一开始所描述的案例提供合理的解释，那么合理的解释又是什么呢？我个人的观点是：没有一个单一的解释能够像双重效应学说被希望的那样，适用于所有的情形。在器官移植一例中对什么是可允许的与什么是不可允许的解释，不同于对恐怖袭击和战略袭击的解释；也不同于那种对在处理失控有轨电车时什么是可允许的解释。

如果一个行为的可允许性并不是像双重效应学说所认为的那样，取决于一个行为主体的意图，那么这就留有另一种可能性：在许多其它的方式中，可允许性确实取决于意图或一个行为主体的行为理由。在第二章中，我证实了一些方式，在这些方式中，可允许性取决于一个行为主体的意图；我还考察了某些其它的方式，在这些方式中，可允许性似乎取决于一个行为主体的意图，但实际上却不是或至少不是实质性地取决于主体的意图。在这种研究过程中，我发现并探明了，一种行为的可允许性及其对于行为主体和他人所具有的意义——行为主体愿意根据他/她所给出的理由而行动的意义——之间有着明显的不同之处。尽管可允许性在总体上并不取决于一个主体的行动理由，但意义却显然取决于这一点，而且许多可允许性取决于主体行动理由的情形是那些可允许性取决于意义的情形。

在第三章中我考察了把人当作目的和把人仅仅当作手段的这两种思想。一个行为是把人当作目的还是当作手段，取决于这一主体
如此对待这个人所依据的理由。如果“总是把人当作目的而不是手 5
段”这一律令是可允许性的一个标准，那么就会出现一种重要的情形：在这种情形中，一个行为的可允许性取决于主体实施这一行为所依赖的理由。我首先考察了康德的那种把理性存在当作目的本身的观念，把一个理性存在当作手段来对待就等于没有把他当作目的

本身。基于我在第一章中在两种道德判断之间所作的区别，我认为有两种方式来理解康德的这一观点。我们能合理地说，只有当一个行为与“把理性存在当作目的本身”这一观点相一致时，这个行为才是可允许的。然而，一个特定行为是否满足了这一标准则取决于支持或反对这一行为的理由，而不是取决于行为主体将这些原因看作什么。然而，这样一个主张——在一个特定行为中，一个主体把某人当作目的或没有当作目的——同样可以被看作是一种研究，它研究主体把什么当作他这样行为而不是那样行为的理由。如果这样理解，这就不是一个有关行为之可允许性的问题，而是关于其意义的问题。

与康德的把人当作目的或仅仅当作手段的观点不同，有一种具体的把人当作手段或“利用”他们的观点；它仅仅适用于这样一些情形：发生在某个人身上的结果与达到行为主体的目的之间存在着因果必然性。这一观念有些时候并不是作为一种错误行为的典型而
6 被提及，而是用来解释为什么某些特定行为是错误的。一个行为在这种具体的意义上将某些人当作手段的这一事实，确实有时候使它成为错误的行为——这些行为之所以错误，是因为它们在没经过他人同意的情况下而使他们有所损失。然而，我们可以不涉及利用某人或将某人当作手段这样的观念，来解释这一类型的错误。我认为，这些观念本身并不具有能决定某行为之可允许性的基本道德意义。然而，当我们说在某个特定行为中，行为主体在“利用某人”时，这可能是一种关于这种行为意义的考察；而一个行为具有这种意义的这个事实，经常与它的可允许性有关。

当我们说一个行为值得谴责的时候，我们就是在对这个行为作意义上的评价，即这一行为表明了行为主体的一些态度，这些态度损害了他/她与别人之间的关系。在我看来，谴责某人就是以这种判断认为合适的方式去理解这个人与别人之间的关系。在第四章中，我详细阐释并维护这种关于谴责的解释，说明了它是如何与其

它的对谴责的解释相区别，并且应当比它们更为可取，后者将谴责看作一种负面评价、一种责备或某种道德情感（如愤怒）的表达。我考察了这种对谴责的伦理的解释所包含的那种含义——谁应当被谴责？谁能够谴责？以及何时一个人必须被谴责？我还考察了为什么我们会认为谴责仅仅适用于那些出于自由的行为，并且解释了为什么我所理解的道德谴责并不预设自由意志。

在整本书中，我论证了一些特殊的道德主张，包括哪些行为是 7
可允许的主张、意图何时影响可允许性的主张以及各种有关道德责任的主张。我希望我关于这些问题所进行的论证能够说服读者。这本书的另一个重要目标就是甄别并引起人们注意这些一般性道德观念的不同——我们根据它们表达出这些特殊的判断。这些一般性观念就是书名所说的道德之维：可允许性、意义和谴责。我的主要论点在于：怎样理解可允许性？它与意义有着怎样的区别？值得谴责怎样成为一种意义？怎样把谴责理解为一种对这种意义的回应？我希望我可以引导那些不同意我的这些特殊道德主张的人，去反思他们理解这些一般性道德观念的方式。我尤其希望他们考虑，他们所理解的对错问题是否就是我所说的可允许性问题。同样，我希望我能够激发那些不同意我的谴责观的人，去弄明白他们的道德谴责涉及了什么，以及为什么他们所理解的谴责需要一种特定的自由。

第一章　双重效应的虚幻吸引力

8　一项行为的道德评价（尤其是这样做的道德允许性）是怎样依赖于行为者的意图的呢？本章和下一章将着手研究这一问题。在本章当中，我的主要目标在于解释为什么意图看起来会以双重效应学说所主张的那样以某种特殊的方式与可允许性相关，即使这种明显的意义是一种幻象。这便展开了这样一个问题，即意图是否以其它方式与可允许性相关？我将在第二章中考察这个问题。我的第二个目标在于描述道德可允许性这一观念的特征，以及它区别于其它道德观念的方式。我将从一些我所理解的对可允许性的初步评论入手。

可允许性

9　可允许性问题——“一个人可以做 X 吗？”——通常是作为一项决定的前兆而被提及的，该决定是关于是否做 X 的决定。如果这样被提问，那么它就仅仅适用于某件事，这件事可以成为行为者做决定的对象；如果有人决定要做这件事，那么它就是被有意做的。不过，我所理解的可允许性问题要比这个更加广泛。这个问题并不总是某项决定的前兆，它也有可能被人们带有回顾性地或假设性地问及，亦即关于某人在过去的场合或设想的场合中会怎样行为。例如，人们可能会问，我们是否允许一个人以一种可能会对他人造成某种伤害的方式去行为呢（即使他并没有意识到这种危险）？可允许性问题总是与一个人平常做的或可能做的事情（亦即他或她支配自身的方式）有关，因此也就是与一项可能的决定所指向的对象有关。不过，人们可能会询问一种行为方式，这种行为方式的特征是：行为者当时并没有意识到这种方式，故而是一种并非出自意图的行为方式。

任何一种行为都具有无限种特征。那个能替换可允许性问题（一个人可以做X吗？）中“X”的短语，只会是一种部分性的特征，它只涉及某拟定行为所可能具有的部分特质；而人们通常会认为这些特质能够引发一个与它的可允许性相关的问题。例如，我可能会问：“如这种药会加速这位病人的死亡，那么我还可以把它给这位病人吗？”对此，正确的答案当然是“看情况而定”，之后再附上关于该行为的其它一些详细的事实，我们需要这些事实来判定该行为的可允许性；即使这种更充分的详细说明并不能单独确定一项行 10
为。许多标志着某行为的因素，如确切的时间和行为主体活动身体的确切方式等，都经常与可允许性并不相关。我想要研究的是，一项行为之可允许性所依赖的那些特征，在何时以及为何会包括与行为主体这样做的意图有关的事实？

意图与理由

“意图”通常有广义和狭义之分。[1]当我们说某人有意做某事时，我们可能仅仅是意指他或她意识到自己正在做的事情或明白这是自己行为的一种结果。这一意义上的“有意”与“无意”相反：说你无意做某事就是说你并没有意识到自己在做什么。不过我们也在狭义上使用“意图”一词。问某人做某件事情的意图何在，就是问她做这件事的目的何在，以及她打算如何实施行为——她如何看待自己达成目的的这种行为？[2]这样询问的部分目的就是询问她之所以这样行为的原因所在——在她意识到自己行为的诸多特征当

中，有哪些特征是她用来支持自己的这种行为的？狭义的意图至少与一种区分当中的意图所具有的意义极为相近，这一区分对于双重
11 效应学说至关重要，它就是在某人之行为结果是故意的（作为目的或经过选择的手段）与某人之行为结果仅仅是可预见的之间所作出的区分。

这两种意义上的意图具有共同点，即它们都告诉我们一些行为者对其行为之理由的看法。这在狭义的意图观念中尤为明显。广义上的意图——某人有意做事——首先是行为者对自己要做之事的理解，而不是她做这件事情的原因所在。不过，以下这样的情形也同样可能是真实的：如果一个行为者在广义上有意去做某事——如果她意识到自身境遇的某个方面，那么即使她并没有将自己所做之事的这一方面作为自己行为的一个原因，她也至少没有将它当作不这样做的一个充分理由（只要她并不是在非理性地行为）。那么，在这两种情形中，关于某行为者有意或打算做某事的主张，就暗示着她对那些促进其如此行为的各种理由有所评估。

对某行为者之行为动机的了解、对她有意所做之事的了解，至少能够给我们提供三种与行为者及其行为相关的信息。第一，她的意图，亦即她的行为计划，告诉我们她是怎样预期自己的行动并影响周围的世界；第二，她有意为之的事情是什么，能够告诉我们她对自己所处状况的认识以及她的行为可能带来的结果；第三，它还能告诉我们某些信息，即她是如何评估如下这些因素的：自己即将要做出的行为的原因，实施行为可能要避免的损失、要承受的损失以及行为结果。

意图的明显意义

12 在作此铺垫之后，请允许我转向我的主要问题，即一个行为主体的意图是否以及如何与其行为的道德可允许性相关？这种相关性

似乎很明显。可能有人会说，一个行为主体的意图决定了该行为者的行为是什么——例如，它是不是一种撒谎或谋杀？而某行为在这种意义上是什么，则当然与其道德可允许性相关。

还有一种很重要的方式，这种方式非常真实，但却并不直接与我所追问的问题相关。某行为主体的行动目标、行动计划、她所认为的可能性行为结果以及她对自身境况之各种特征的评估——这些她看作是为其行为提供正面或负面理由的因素，以及那些她看作不重要的因素，从总体上来说，是我们预测其行为结果的部分依据。然而，它们并非是我们预测其行为结果的全部依据。一个行为主体对其自身状况的理解往往是不全面的和错误的，并且一个有计划的行为的结果很可能与行为者所期望的大相径庭。因此，要评估一个行为，我们就可能需要引用其它的信息。不过，行为者的意图和她正在故意做的事情是一个重要的起点。并且，行为者对自身所处状况之各种特征所进行的评估，能够告诉我们她的行为是如何被引导的，例如，她将会听取自身哪方面的状况；如果事情并不能随心所愿，她很可能会如何反应……

很明显，这些因素全部都与行为主体之行为的可允许性相关，
我将在后面章节中更加详细地讨论它们的意义。然而，意图能与某 13
行为之可允许性发生关联的方式，是一个重要的意义衍生物。在这些情形当中，具有重大关联的是行为主体的行为对其周围世界的影响（或者是我们可以合理预期的影响）。她的意图以上述方式具有相关性，这仅仅是因为它告诉我们一些与结果相关的东西。我将把这称为“意图的**可预见性**意义”。不过，我所感兴趣的问题是：某行为主体的意图本身是否直接地与其行为的可允许性相关？——假如影响（或预期的影响）不变，那么一个行为的可允许性是否能够取决于行为者做它的意图；或一般而言，取决于他或她所认定的行为理由？因此，我在此处将搁置意图的可预见性意义，而集中探讨意图如何可能更加直接地与可允许性相关联。

很多种思想都赞成这样一个结论，即意图直接地与一个行为的道德评价相关。很显然，在有意伤害、疏忽致伤和异常事故导致的伤害之间有着一种很重要的道德差异。然而，有意伤害和疏忽致伤之间的差异并不是**可允许性上**的差异；一般而言，二者都是不可允许的。当某行为主体不被许可地以这些方式去行为时，它们之间的差异就在于其错误的类型。有意伤害、疏忽致伤和异常事故导致的伤害，**确实**在可允许性上显得有些不同；不过，使之不同的并非是意图。使得疏忽大意与异常事故区分开来的并不是行为主体的目标，或未必是行为主体对自己行为之可能性结果
14 的认定；而是他或她在特定环境中**本来应当对这一行为之结果的认识**。

对很多人来说，在很多情形中，不但一项行为的总体道德评价依赖于行为主体的意图，而且其可允许性也依赖于主体的意图。比如，就像我在前言中所提到的那样，在战争时期，以一种可以预见要导致一定数量平民伤亡的方式去袭击一个军事目标与杀害同等数量的平民以使人们的意志消沉或阻止他们帮助敌军，看起来是具有重大的道德差别的。这两种行为之间的差异似乎出自于同样的意图。它似乎在于这样一个事实，即在后一种而非前一种行为中，那些袭击人员是故意要杀死平民的。他们不是仅仅意识到这将成为他们行为的结果，而是以此为目标，并将其作为实现他们目的的一种手段。

更一般地来说，许多人被双重效应学说所吸引。该学说认为，尽管人们为了更大的善而做某些可预见的、要导致无辜人民伤亡的事情，是可允许的，但是将以伤害同等数量的无辜人民当作获取同等善的手段，却是不可允许的。尽管这一学说具有争议性，但它却有着相当的吸引力，因为它似乎最好地解释了恐怖轰炸和战略轰炸之间的区别；它也解释了如下一些其它的案例：

> **药物匮乏：**在房间 B 里有五个人，在房间 A 里有一个人。这些人都生了同样的病，如果得不到及时救治，他们都会死去。现在我们手头上有足够的药物来治疗房间 B 里的那五个病 15
> 人，不过，由于房间 A 里的那个病人情况更为严重，如果救助他将耗尽我们手头上所有的资源，但却只能救助到他一个人。

显然在这个案例中，用尽所有的药品来救治房间 B 里的那五个人至少是可允许的。现在让我们来考虑一个不同的案例。

> **移植：**房间 B 里的那五个人都需要器官——有一个人需要一颗心脏，有两个人各自需要一个肺，还有两个人各自需要一个肾。如果不能很快得到器官移植，他们就会死去。不幸的是，目前并没有器官可供使用。不过在房间 A 里倒是有一个人，他想要做一个体检。他将会被注射一种致命的药物而并非他自己所期望的疫苗，如此就可以用他的器官来挽救那五个人了。

很显然，这是不可允许的。人们很可能会这样解释这些案例之间的区别：尽管我们让一个人死亡以挽救五个人是可允许的，正如药物匮乏案例中那样；但是在移植案例中，我们所提议的却是杀害一个人以挽救那五个人，这不是可允许的。

> **药物/移植：**假设房间 B 里的人与移植案例中的那五个人一样，而房间 A 里的人与药物匮乏案例中的那一个人一样。如果房间 A 里的那个人因自己生病而死，他的器官不会受损因此可以用于挽救那五个人，那么我们不给他用药是否是可允许的？

跟我讨论过这些案例的每一个人都认为这是不可允许的。为什么是 16
不可允许的呢？有一个答案可能是这样的：像移植案例的情况一样，这可能是一种杀害一个人以挽救五个人的情况。不过这不是基本的解释。在这个案例中的提议与药物匮乏案例中的提议一样，都是要拒绝将可用的药物给房间 A 里的那个人；而人们会说，在第一个案例中，这并非是杀害。如果在这个案例中，这是一种杀害，那么也是因为此处的“杀害”是被当作一个道德观念来用的。也就是说，因其是错误的（由于其它原因）而是杀害，却并非因其是杀害而是错误的。那么，其它原因是什么呢?

双重效应学说给出了一种解释。在药物匮乏案例中，那个人的死亡仅仅是将药物只用于救助那五个人的一种可预见的结果；而在药物/移植案例中，这个人的死亡却是故意造成的。该案例中的提议是拒绝给那个人药物以导致他立即死亡，如此便能得到他的器官来及时挽救另外那五个人。因此，这是蓄意谋杀一个无辜的人，根据双重效应学说，这绝对是不可允许的。

可能会有人提议，应当用医院所特有的规定解释药物/移植案例涉及的错误——这些规定具体规定了医务人员对其病人所负有的责任，而不是用一般性的道德原则解释。（就好像恐怖轰炸中的错误是由战争法则来解释一样。）我在下文会回归到这种可能性，不过这里值得我们注意的是：那些看起来与此相类似的错误，会发生
17 在一些与医院或医护人员职责无关的案例当中。现在就让我们来考虑以下三种案例：

> **救援一：**当我开车回家的时候，我从民用波段的收音机中听到，一辆车在一条人迹罕至、而我却很容易到达的小路上出了故障。这辆车的司机正试图将某些药物送给一个人，这个人即将死去，除非他在接下来的数小时内接到这些药物。我可能会很快拐上那条小路并重新发动那辆出了故障的汽车。

很显然，我应当这样做。

> **救援二：**与前面那个例子一样，不同的是我同样也听到，在另外一条我可以走的路上也有一辆出了故障的汽车，这辆汽车正要将药物送给五个人，而这五个人同样急需这些药物。但我没有时间去救助这两辆汽车。

很显然，在这一案例中，我救助第二辆汽车以挽救五条性命而非一条性命是可允许的。

> **救援/移植：** 与救援一的情况一样，不同的是我知道有五个人正急需要器官移植；如果这个等待药物的人很快会死去，那么这五个人将会获救。而如果我不去救助那辆故障车，这个人就会死掉。

在这一案例中，不去救助那辆故障车似乎显然是不可允许的。如前所述，一种合理的解释是：在这个而并非救援二的案例中，我预期那个人的死亡以作为挽救另外五个人的手段。

与很多人一样，我发现这一解释是具有吸引力的。不过，它也有一些众所周知的问题。首先，据我所知，至今没有人对下面这个 18
问题提出一个令人满意的理论性解释，即在这种意义上所涉及的意图——有意造成的结果与仅仅是可预见的结果之间——为什么应当有道德上的差异？第二，有一些采用了这一区分的案例却似乎给出了错误的答案。例如，在那个著名的有轨电车案例中，将脱轨的电车转向岔道只撞向一个人而不让它继续直行撞到五个人，似乎是可允许的。不过，在汤姆森所提出的“环道”案例中，将电车拐到岔道上似乎也是可允许的；在这一案例中，岔道环绕着主干道并与之重新联合。如此一来，如果电车没有撞到那个人并因此而停下来，它就会继续沿着环道前行并从另一面撞到那五个人。[3]这个案例中的答案似乎不像原先案例中的答案那样显而易见，不过我们至少可以合理地坚持认为，如果在第一种案例中，我们将电车转到岔道上是可允许的，那么在第二种案例中我们这样做也是可允许的。

这些案例似乎就在我所描述的那种方式上区别开来：在第二种而非第一种案例中，人们之所以将有轨电车拐向岔道，是因为一旦它撞到了那个人，就不会再撞到那五个人。这个人被有轨电车撞到，是被有意当作挽救其他人的一种手段。可能有意的伤害与仅仅可预见的伤害之间的区别，尽管在上文所描述的药物和移植案例当中产生了一种道德差别，但在这里的案例当中却并没有产生不同。不过，这需要解释。[4]

19 汤姆森也提出了一些涉及使用合法药物以缓解痛苦的案例，作为我们正在考虑的那种分析的反例。假如有个人已经病入膏肓，并且异常痛苦。假设唯一能够缓解他这种痛苦的药物同样也会置他于死地，同时假设该病人希望能够得到这种药物，那么执行这一行为的可允许性是否取决于医生这样做的意图呢？具体而言，是不是取决于医生是通过让病人死亡而缓解痛苦，还是通过用药而缓解痛苦？汤姆森说，毋庸置疑，答案是否定的。

这一结论可能从以下这种思想中找到依据：从道德角度来说，处于这种境况的人早点死去并非一件坏事。因此，通常反对致死的道德约束在这里并不适用。不过，汤姆森的反驳在一些死亡明显是恶的案例（如我之前所提到的军事案例）中，保留了某种直觉性的力量。人们可以合理地主张，在战争时期轰炸军工厂是可允许的，尽管这肯定会导致附近平民的死亡；不过，要是将杀死同等数量的平民当作削弱公众支持战争的一种手段，那就不是可允许的，哪怕这样做能够加速冲突的结束，就像摧毁军工厂所能达到的那样。这两种行为在道德之可允许性上截然不同。然而，二者之间的道德差别是否同样明显地在于相关行为者的意图呢？

汤姆森认为答案是否定的，这似乎可以通过这样一个思想性的实验而获得支撑：假设你就是总理，空军指挥官向你描述了一项空
20 袭计划，它将摧毁一个军工厂，但同时会导致一定平民的死亡，这很可能削弱公众对这场战争的支持。如果他问你这在道德上是否是可允许的，你可能不会说："呃，这取决于你执行这一计划的意图。你是意在杀死那些平民呢？还是他们的死亡仅仅是摧毁军工厂的一种无意的却可预见（尽管有益）的副作用？"[5]假如这种袭击的实际结果是一样的，并且各方都有理由知晓这些结果是什么；那么，是

否当一个心怀某种意图的主体去执行时，该行为就是可允许的；而当另一个心怀不同策略的主体去执行时，它就是不可允许的呢？我和汤姆森一样，都认为这是不合理的。

对双重效应之吸引力的解释

如果这是不合理的，那么为什么双重效应学说在我之前所举的案例中，都貌似是一种能吸引人的解释呢？汤姆森认为，这一学说的吸引力取决于“没有足够认真地对待这样一个事实（我认为这是一个显而易见的事实）：‘某人做某事在道德上是否可允许’这一问题，与‘做这件事的人是否因此是一个坏人’这个问题是不同的”[6]。如她所述，如果一个医生不喜欢自己的病人，她给了病人一剂致命的止痛药，并为这是他的最后一剂而感到欣慰，那么这个医生是基于一些道德上值得反驳的理由而行为的，即早点离开人世实际上对于她的病人而言更好。如果她是出于这些理由而行为，那么她在道德上是一个坏人。不过，这并不能断定说，她对病人使用这种药物是不可允许的（或者该病人应当等着，直到另一个怀有更 21
好意图的医生值班）。

有观点认为，双重效应学说的吸引力源自于我们没有将对某行为主体的评价与对其行为之可允许性的评价明确地区分开来；这种观点是有合理之处的。不过，当汤姆森这样说时，这似乎并没有解释我们所考虑的那些行为者的意图所具有的明显意义。我们刚刚所描述的种种恶意，无论它们是否作为动机而起作用，都必然反映出医生的不良品质；不过，在我们所考察的那些案例中，并没有这样的恶意。在移植和药物/移植案例当中，我们假设医生完全是为了挽救尽可能多的生命。他们牺牲一个无辜者的生命以达到这一目的的事实，并不能说明他们具有坏的品质，除非这本身就是错误的事情。因此，这看起来并不是这样：我们会因为其明确地表征了坏的品质、会因为我们并没有将对品质的评价和可允许性问题区分开来，而认为它是错误的。[7]

我认为，我们可以换一种方式来陈述汤姆森的观点以理解其真实性。在我看来，意图在解释药物/移植这类案例时所具有的虚幻吸引力来自两种与道德原则有关的事实。第一，尽管那些表述各种道德要求的道德原则详细地说明了，某些考量在支持或反对某种行为方式时通常具有决定性的重要性，但是它们几乎总是允许有例
22 外。比如，根据遵守诺言的原则，“某人答应要做某事”通常是做这件事的决定性的理由——这个理由决定了这个人应当做这件事，即使做其它事情可能更加方便或更加有利。不过，事情总有例外。例如，一个人并不需要也不应该为了对另一个人履行诺言，而去做一件很小的但却会给他人造成极大伤害的事情。要想充分理解有关承诺的道德，就要能够识别哪些考量能够为例外情况作辩护，而哪些并不能。

第二，道德原则的第二特征是其可以有两种应用方式：既可以作为批评的标准，也可以作为慎议的指导。当作为慎议的指导时，道德原则回答了可允许性问题：“一个人可以做某事吗?”它们还通过甄别一些考量（这些考量决定了我们在所讨论的案例中可做某事和不可做某事），而对上述问题的答案作出了解释。这些考量可能与行为主体的行为原因有关，或者与其思想状态的特征有关；不过，它们并不需要这样，通常也不是这样。然而，在我所说的批判性运用中，我们是把一个原则当作评判某种方式的基础；在这种方式中，某行为主体要决定在某种实际或假想的情形中该做什么。一旦被这样运用，那么它就为回答这样的问题提供了基础：“当琼斯决定在某情形下做某事时，她有没有重视那些适当的考量并给予它们以适当的重要性呢?”对此问题的答案取决于对先前那个问题的回答，即哪些考量与这种行为的可允许性相关，以及它们该如何被重视？不过，这又超越了这样一个问题，即（我们）所讨论的行为

主体，事实上有没有以适当的方式来重视这些考量？[8] 23

道德原则的这两种应用方式紧密相关，不过两者之间也有着重要的区别。在批评某行为者决定做什么的方式时，（我们）不可避免地要对那些与行为者之精神状态相关的假设作出预测，尤其是他或她在决定做什么时所考虑的以及他或她用来支持或反对其行为的理由。与此相反，当原则被用来指引慎议时，它们仅仅是详细说明哪些考量有利于行为的各种原因，哪些考量不利于行为的各种原因。我将把原则的这些应用称作其**批判性使用**和**慎议性使用**。[9]

人们很容易忽视这一区别。既然原则告诉行为主体哪些考量有利于一个行为、哪些不利于一个行为，那么人们很自然地会说，当行为者将这些考量看作是理由的时候，他们就遵从这些原则；而当他们没有遵从的时候，他们的行为就出错了。不过，使一个行为之所以错误的，是断然反对该行为的那个或那些考量，而并不是行为主体没有足够重视这些考量。

例如，假如我已经承诺要把我的房子卖给你；并且在这些情形下，这就能够算作是这样做的一个决定性的理由。“我若食言而把房子卖给他人就能够获得更多的钱”这一事实，并不能是这样做的一个充分的理由。不过，假如我确实食言了并获得了这一利益，那么在谈到我的行为的错误之处时，你可能会说我错误地将我自己的利益当作食言的一个充分理由。作为对我的决定的一种批判性考 24
察，这有可能是真的。然而，从一个更为根本的层面上来说，使我的行为之所以错误的并不是“我源于一个坏的（自私的）理由而行为”的这样一个事实，而是“我已经承诺要将这个房子卖给你”的这样一个事实。假设没有对抗性的考量来辩护说遵守诺言应当有例外，那么这一事实断然不利于我将房子卖给他人。

当我们预期性地考察该事例时，这种区别尤为明显。假如我在决定做什么的时候问道：“我必须要做我所承诺的事情么？既然利润更高，为什么我不能卖给其他人?”你不会这样回答说：“那是错误的，因为你这样做是以自己的利益为目标（或为了自身的利益而行为）。”确实，我会由于将自己的利益当作食言的充分理由而受到批评；不过，这是批评我做决定的方式，而并没有解释我的行为为什么是错的。我将房子卖给第二个潜在的买者之所以是错误的，是因为我已经承诺要卖给第一个买者。

双重效应学说的支持者们可能会不同意，或至少看起来会不同意，因为他们将相应的道德批评看作是对一个好行为的道德批评。他们可能会争论说，既然一个行为主体的行为意图十分重要地促使他做出了一个行为，并使这个行为成为它所是的那种行为，那么这一意图在裁决这是否为一个好行为时就是至关重要的。[10] 由于他们相信，一个行为主体在决定做什么的时候，应当受到这样的指引：一项预期的行为好不好？那么，他们就似乎在给可允许性问题提出
25 另一种答案，并且不同意我在回答这一问题时涉及意图。然而，我所说的是，仅当人们不区分我所说的原则的“慎议性使用”和“批判性使用”时，意图才似乎是与可允许性相关的。并且实际上，我们一般很自然地把好行为的观念，理解为隶属于我所区分的批评性的一面。这便引发了一个有趣的问题：那些不同意双重效应的人，是否也不同意这一道德观念的应用——是什么使某些行为成为不可允许的？或者他们是不是在采用不同的道德评价——一方在谈论可允许性，而另一方则在讨论行为的善恶。如果他们确实是在采用不同类型的道德评价，那么这又会引出一个更深层次的问题：我们有什么理由认为这些类型中的某一个对某些目的（如在慎议中占有重要地位）来说是至关重要的呢？

我认为我所描述的道德原则的两个特征，最好地解释了我们对以上所讨论的移植及其它案例的反应。首先，尽管这些案例在很多方面都有区别，但它们都有着共同的结构：它们担忧普遍原则有时会允许有例外；而且它们都提出一个问题：那些例外何时能适用?

例如，通常来说，我们不允许以那些可以预见到要导致严重伤害的方式行为。然而，脱轨电车案例却表明这一原则有例外：如果这是防止对更多人造成类似伤害的唯一途径，那么有时候我们可以按照那种能够预见到会对某些人造成严重伤害的方式去行为。移植案例表明：尽管挽救他人的可能性有时候能够证明不能导致可预见性伤害的这一禁令有例外，但它并不总是这样。与此相似，药物匮乏和 26
救援二案例也表明：要求我们在可以的时候应当帮助他人的那种原则也有例外，因为在这些案例中不去挽救某人是挽救他人的唯一途径。不过，我们对药物/移植和救援/移植案例的回应却反映了我们的评判，即挽救他人的可能性并不总能证明该原则的例外情况是正当的。

这些案例所暗含的问题是，为什么它们所涉及的原则应当具有这种特殊的形式：为什么在某些案例中能够为原则之例外情况作正当性辩护的那种考量，在其它案例中却不能。我在下文会回到这个问题。在这里，我想指出的是，如果这些案例都具有我所描述的结构，那么我在上文讨论的道德原则的第二特征——在原则的批判性使用和慎议性使用之间所作的区分，以及人们对这一区分的易于疏忽——就能够解释，为什么我们容易但却错误地认为，在一些案例当中，行为主体的意图在判定可允许性时起着根本性的作用。

人们可能会说，一个行为主体没有挽救药物/移植或救援/移植案例中的那个人之所以是错误的，是因为这样的一个事实，即她期望那个人的死亡——也就是说，她会将他的尽快死亡作为不挽救他的充分理由。如果我们是在**批判性地**运用相关原则，并在评价该行为主体决定做什么的方式，那么我们是非常正确的。换言之，我们能正确地说，她做决定的方式是错误的，因为她**用**某种考虑（挽救其他五个人生命的可能性）来证明“帮助他人”这一原则之例外情 27
况的正当性；而实际上在这一案例中，这种考量并不能证明原则的例外情况是正当的。

然而，可允许性问题是通过考察相关原则的**慎议性**使用而得到回答的。一项预期行为之所以错误是由于这样一种考量，即相关的道德原则断然认为它是错误的（假设没有相关的对抗性的考量）。在上文所讨论的遵守诺言案例当中，我已经承诺要将我的房子卖给你，这是一个事实。在药物/移植和救援/移植案例当中的事实是：一个人需要帮助，而该行为主体能轻易提供这种帮助。当一个人用通过移植器官来挽救他人生命的责任来证明在这些情形下应当施救之义务的例外情况是正当的时候，或者当他用为了更高的价格而出售自己房子的这种可能性来证明遵守诺言的例外情况是正当的时候，他就犯了错误。使这成为一种错误或者使相应的行为成为不可允许的，是那些支持相应义务的考量。

这里所讨论的区别——慎议性地使用一项原则以决定某种行为是否为可允许的与批评性地使用该原则以评判一个行为主体做决定的过程之间的区别——与汤姆森提到的评价一个行为与评价一个行为主体之间的区别非常类似。不过，我想引起大家注意的是，这种区别更为狭隘，因此也更容易被忽视。它是一项行为的可允许性与一种特殊的主体评价之间的区别；在这种评价当中，受到评价的并
28 非是主体的整个品性，而是特殊的、只涉及作出决定以导致该行为的那部分品质。

军事案例

同样的分析也能够解释，为什么人们总是倾向于但却是错误地诉求于意图来区分不可允许的“恐怖轰炸”和看起来是可允许的“战略轰炸”。对这些案例的讨论受制于一些假设，这些假设与相应的、适用于战争行为的原则有关。人们经常会认为这些原则是根据行为主体的**意图**而形成的。不过，在我看来，这并不是理解它们的唯一的或最佳的方式。与这些案例相关的原则表明那种普遍性的、

禁止使用致命性武力的禁令具有一种例外情况，它们还详细说明了这些例外。我们可以将它看作是与如下形式相似的[11]：

> 在战争当中，人们经常可以使用毁灭性的、可能致命的武力，而这在通常情况下是被禁止的。不过，仅当这种武力的使用能够预期带来某些军事上的胜利——如消灭敌方的战斗人员或战争物资——时，它才是可允许的；并且，仅当其对非战斗人员的预期伤害尽可能小，或仅当其与所获相关军事胜利相一致，仅当这种伤害与所获胜利的重要性成一定比例时，它才是可允许的。

在汤姆森所讨论的战略轰炸案例中，人们会认为毁坏兵工厂会带来相应的军事上的胜利。因此，当且仅当满足了我所列举的条件，亦即当且仅当对非战斗人员的伤害最小化而且预期伤害是成比例的时候，轰炸才是可允许的。 29

如果没有兵工厂，一次造成同等数量非战斗人员死亡的爆炸袭击也可以削弱敌方士气而加速战争的进程，但根据上述基本原理，这种袭击（纯粹的“恐怖袭击”）是不可允许的。它之所以不可允许是因为它期望导致人员死亡，而根据刚刚所说明的原则，相应的情形又不能为这种行为提供正当性证明。它可以通过打击公众士气而缩短战争进程的这一事实，并不能使非战斗人员的死亡成为一种“军事上的胜利”。因此，这样做的事实并不能使之成为“禁止做任何能合理地预见到会导致生命损失之事”这一准则的一种例外。

在我看来，一个人如果旨在杀死非战斗人员以打击士气来缩短战争（而且没有更进一步的为自己行为作辩护的理由），那么她的行为就是错误的——她持有一个应当摒弃的意图。不过，这个事实并不能说明，意图在裁决这一行为的不可允许性时，像双重效应学说所认为的那样具有根本性的重要作用。这种意图之所以错误，是因为该行为的预期是错误的；而该行为的预期之所以错误，是由于它的可能性结果，而并非（主要地）是由于它的意图。

两种思路都可能导向这一结论，即在我们所讨论的各种案例当中，一个行为的可允许性取决于行为者的意图。第一种思路我
30 一直在讨论，并且认为它是错误的；而第二种思路转向了意图的可预见性意义，它是合法的，不过也并没有赋予意图以根本性的地位。

第一种思路从一个正确的前提出发，即那些认为恐怖爆炸是可允许的人，其推理之所以在道德上是错误的，是因为他们把通过打击敌方公众士气而加速战争进程当作是证明这种轰炸之正当性的一种考量。但接着这种思路便转向一个虚假的结论，即他们的这种推理也是使得他们的行为之所以错误的原因。这种转向没有将原则的批判性使用和慎议性使用区分开来。

要了解第二种得出“意图与可允许性相关”的思路，我们有必要注意到，我提出这些案例的方式是有人为性的。我一直在假设：我们能够根据一些与实施该行为的主体无关的意图来预测一个行为的结果（在这些案例中，就是爆炸袭击的结果）。当然，出于不同意图的两个行为——比如一次由一名希望使平民伤亡最小化的空军发动的空袭，与一次由一位对此充满期待的空军发动的空袭——能够导致完全一样的结果。不过，这并非是我们通常能合理地预见的东西。

为了弄明白这一重要差别，让我们来考察一个更具人为性的案例。在这个案例当中，结果肯定与意图无关。假设我们讨论的空袭将不是用空军所驾驶的飞机而是用导弹来发动，后者被预先设置程序以寻找某些目标而避免其它的目标。因此，我们自己能够相当精
31 确地预见引燃导弹的结果——对军事目标及周边平民的影响，并且在任何情况下都不依赖于任何一个在该军事任务下达后，要执行该袭击的人的反应方式。假如你是一位总理，指挥官向你请示，在已

知这些结果的情况下，他是否可以发射这枚导弹。此时，你的回答似乎显然应当取决于：在已知该袭击的可能性结果的情况下，是否有相应的正当性证明来满足相关的标准。你不应该说：“喔，这取决于你发射该枚导弹的意图。当你按下按钮来发射导弹时，你的意图是为了破坏军工厂，还是为了杀死平民而打击敌方的士气？”在我看来，汤姆森在这里的批评是非常正确的。

不过，在我们已知的世界当中，事情并非如此。如果那些丢炸弹的飞机是由人指挥的，那么这种袭击的结果就取决于那些执行者如何根据当时的情况而随机应变。当然，我们能够假设，无论那些飞行员对各种取舍的个人评价如何，他们都会严格遵守指令和程序。如果是这样，那么此时的情况就与自动发射导弹的情况一样，而且行为主体的意图也与本次袭击的可允许性无关。然而，如果不是这样，如果行为者的应对方式和他们努力避免伤害非战斗人员的程度，都取决于他们在可能的时候是否意图避免这样的伤害，那么他们的意图（也就是被他们看作的原因）就会与该袭击的可允许性相关。在这种情况下，总理询问本次袭击的那些执行者的意图何
在，就是非常合适的。他们的意图不会具有双重效应所赋予的那种 32
意义，不过它们会具有预兆性的意义；尽管这种意义是派生性的，但绝非毫不重要。

我关于这些案例的讨论预设了某些关于战争行为的原则，我并没有为这些原则提供辩护，也没有解释其道德状态；尤其是，它们赋予了区分战斗人员与非战斗人员以重要意义，而我对此没有丝毫的解释或论证。我的要点只是：我们没有必要认为，是这些原则使可允许性取决于意图。那些认为在战略轰炸和恐怖轰炸之间有着某种重要道德差别的人，需要维护战斗人员和非战斗人员之间的某种差别；但他们并不需要背负额外的负担来维护意图或双重效应的相关性。

移植案例的再思考

现在让我们再次回到那个医院和救援的案例，这里有必要弄清楚以下几点：首先，我们该如何理解那些引导这一讨论的各种原则；其次，这些原则是被慎议性地使用的还是批判性地使用的？在这些案例中起作用的显著原则有：（在移植案例当中）明确规定不许杀人这一义务的原则、（在药物/移植和救援/移植案例当中）明确规定在有可能的情况下要尽力帮助他人这一义务的原则（在药物/移植案例当中，似乎还有对医务人员帮助自己所医护的那些人
33 的特殊义务的规定）。问题是：这些原则的例外情况是什么？尤其是，救助他人的可能性何时会造成某种例外？

对这些案例的讨论同样有如下的预设：从一个活生生的人那里获取器官是不可允许的，即使这样做会给他人带来好处；不过，一旦这个人死掉了，那么他或她的器官就可以被用来挽救他人。正如战斗人员和非战斗人员之间的区别一样，这一原则也可能会受到质疑；不过，当我提出这些案例时，这一原则就已经暗含其中。正是这一原则解释了，为什么我们需要造成该病人的死亡（通过给他/她错误的注射，或像在移植案例中那样不给他/她治疗等手段），来使他/她的那些器官成为可用的。这就给我们强加了一个问题：救助他人的可能性，是否能够为那些反对杀害和要求给予救助之原则的例外提供正当性证明？

然而，一旦我们这样提出这个问题，那么“有例外”的这一观念就成为了古怪的想法。这个问题的一般形式为：只要这个人是活着的，那么我们就有义务为他做 X；如果我们摆脱这一义务，那么我们可以做某些好事。这是否可以算作是为杀害这个人或没有挽救他而作辩护呢？答案显然不是。我们讨论的这种义务的正当性证明形式可能会包含这样一种例外：在某些情形下，我们可以通过抛弃

这种义务而达到相关的善。（比如刚刚所讨论的案例的例外是：当一个活生生的人的器官可以被用来挽救更多的生命时，我们可以拿走他或她的器官。）假如以上所提及的义务并不包含例外情况，那 34
么“这将为导致此人死亡作正当性辩护”的那种观念就是荒谬的。

这种荒谬本身并不取决于这一观念，即一个个体对自己的器官拥有某种特殊的权利，尽管它正是我们讨论的案例中的备受争议的道德主张。任何潜在的道德主张都会产生同样的荒谬。例如，让我们来考虑一下救生设备（如心肺机）应当如何分配的问题。假设我们认为，当心肺机匮乏的时候，我们应当以一种能挽救最多生命的方式来分配它们，那么就会产生这样一个问题：假设我们在此基础上将一台心肺机分配了给某个病人，此时如果将它拿走而给另一个病人就能够挽救更多的生命，那么我们能否将它拿走而给另一个病人呢？（假设后一个病人所需的时间较短，因此能够将它传给下一个病人。）假如我们对此的答案是：这样做是不可允许的。一旦一个病人被放置在这样的机器上，只要他/她还活着，还需要这架机器来维持生命，我们就不能让他/她从机器上下来。姑且将此作为理由，让我们来作另一假设：一个由心肺机来维持生命的病人发生感染了，这很容易治疗，但如果得不到救助那将是致命的（我是假设该病人的恢复前景是好的，并最终能够去掉心肺机，不过这需要时间）；那么我们将这台机器转给其他需要时间较短的人以挽救更多生命的这一事实，能否免除我们治疗这名病人的感染的义务呢？它能给出的建议就是：我这纯属无稽之谈。这并不是说，导致这一建议的各种假设（如稀缺的设备该如何分配，一旦分配之后我们是否能够将它拿开，等等）不可能是错误的；这里的要点是：一旦我 35
们接受了这些假设，那么后来的建议就是荒谬的。

正如最初版本的移植案例一样，我这里给出的例子涉及到治疗；不过我要表达的意思并不局限于这些案例。将其表达为一般性的术语就是：如果我们对某个活着的人负有某种义务，那么“他的死亡能够免除我们这种义务”的这一有利条件，并不能够证明那要求我们不杀此人或当我们方便就应当挽救此人生命这一原则的例外情况是正当的。这一点适用于救援/移植案例，也适应于药物/移植案例。在这两种案例中，所提出的行动方案之所以错误是因为刚刚所提到的那种理由：我们在这些案例中负有挽救此人生命的义务，而不履行“不能获取他的器官”这一义务给我们带来的便利并不能证明该义务的例外是正当的。

从这方面来看，在这些案例当中所提出的行动方案的根据，与药物匮乏和救援二案例中的依据截然不同。在后面这些案例当中，人们主张的是，在可能挽救更多生命的情况下，可以不履行挽救一个人生命的义务。不过，这对于下面这一观念毫无吸引力：这个人的死亡免除了行为主体对他/她所负有的义务（只要这个人活着，行为主体就对其负有的义务），故而使之成为可能。

因此，药物/移植和救援/移植案例中的行动方案之所以错误（并且与药物匮乏和救援二案例的情况不同），并非是因为行为主体的意图。当然，在药物/移植和救援/移植案例中，那个接受了某种行动方案之依据的行为主体，确实会错误地将“一个病人的死亡会
36 免除我们某种义务”的这一事实当作救他/她的理由。不过，我说这个是为了从相关原则的慎议性使用（这与可允许性问题相关），转向这些原则的批判性使用（这是在评价某行为主体决定做什么的方式）；我一直在号召大家关注这种转向。

我提出的论证也与那种更深层次地依赖于双重效应学说的论证有所不同，后者应当引起我们的注意。根据后一种解释，移植、药物/移植、救援/移植和恐怖轰炸这些案例涉及的那些行动方案之间，有着一种深层的类似。所有这些案例中的行为之所以错误，是因为它们都涉及将故意使无辜的人死去当作获取某种更大善的手段。而根据我的解释，这些案例之间有着一种更为抽象的类似：在每一个案例中，遵循某种行动方案的主体都会错误地将某种因素当

作是证明某种原则（如排除杀人、要求帮助他人）之例外的正当性理由。不过，使这些行为错误的原因，取决于相应能适用的各种原则和这样一种解释，即为什么相应的例外是不真的。在这种更实质性的层面上，这些案例截然不同。为了理解它们，我们需要考察那些在此处起作用的各种不同的原则以及那些支持其可能性例外的理由，而不是诉求于一个普遍性的、反对旨在造成无辜者死亡的禁令。

第二章　意图的意义

37 在第一章当中，我论证了行为主体的意图并不是像双重效应学说所认为的那样，与一项行为的可允许性密切相关。我承认，行为主体的意图与道德评价的形式相关，但与可允许性并无关联；我也试图说明，双重效应的合理性源自我们没有区分不同的道德评价形式和不同的道德原则的应用方式。

这种区分通常被人们所忽视。每当解释为什么某些行为是不可允许的时候，人们经常会涉及意图——行为主体做此行为的理由；而实际上，使这些行为之所以错误的原因是那些反对这种行为的考量，而并非是主体对这些考量的看法。例如，我在表述以下原则时自己就这样做了：

38 **原则 M：** 在没有特殊辩护的情况下，下列行为是不可允许的：一个人（A）为了让另一个人（B）做某种行为 X（这是 A 希望 B 去做，而 B 在道德上可以做也可以不做但原本不会做的事情），而让 B 认为如果他/她做 X，那么 A 就会做 Y（这是 B 想要的并且认为 A 本来不会去做的事情）。而实际上，如果 B 做了 X，A 也没有意图要做 Y；并且 A 能够合理地预见，如果 B 做 X，那么 B 就要遭遇巨大的损失；而 A 从做 Y 这件事中也得不到任何回报。[1]

这一原则排除了某种操纵，后者可以描述为：故意让某人误解自己的意图，以使他/她按照某种方式行为。如果像原则 M 所说的那样，A**“为了”**让 B 做某件他/她本来不会去做的事情，而误导 B 说他要做什么，那么 A 就在两种意义上故意地误导了 B（我在第一章当中已经提到了“故意”具有这两种意义）：A 意识到自己的行为会有这一结果，而且他将这一结果看作是支持他这样做的理由。不过，A 的这个行为的不可允许性并不取决于这样一个事实，即 A 是在某种故意的意义上如此行为。

假设 A 这样做的主要意图是为了达到其它的目的，而 B 被误导只是他的行为的一种可预见的副作用。如果 B 这样被误导会遭受严重的损失，那么（如果没有特殊辩护）A 的行为就是不可允许的，他没有保护 B 不遭受这种损失。更进一步地说，即便 A 没有意识到自己的行为会误导 B 并让 B 最终遭受巨大的损失，但如果他根据已 *39*
有的信息**应当**意识到这一点，那么他的行为仍然是不可允许的；尽管他并没有在上文所提到的两种意义上故意地误导 B。[2]

原则 M 刻画了某种特定的错误。如果一个行为没有涉及故意误导某人，那么它就不会**在这种意义**上是错误的。不过，我们也不能据此说，该行为主体将要做的行为就是可允许的；原则 M 所描述的该行为的其它特征仍然可能使之成为错误的。因此，尽管在刻画一种特殊的、在道德上值得反驳的行为模式时，“故意行为”这一观念起到了非常重要的作用；但是它在这种情形中，并没有在什么是可允许的和什么是不可允许的之间划定界限。

人们可能会反驳说，行为主体的意图在刚刚所提到的两种意义上，对于甄别主体所做的事情而言至关重要；而 A 在我所假想的这三种情形中时，可能会做出不同的行为。这一反驳非常正确，不过这里的问题并不是主体的意图能否决定其行为的类型（很显然，它可以）；而是主体的意图对于其行为的可允许性而言是否至关重要。

表达性情形与预期性情形

我们不难想出这样一些情形，其中某个行为的可允许性取决于主体这样做的理由，尽管这种依赖并不像双重效应学说所主张的那样具有根本性。有些行为会使主体自身表现为是受某种原因驱动
40 的。（我会将这种情形称作**表达性**情形。）例如，当我询问一位得病亲戚的健康状况时，我可能表现为是由于关切这个人的幸福而这样做的。然而，假如我根本没有受到这一原因的驱动；我打电话给这个亲戚询问他的身体状况只是为了让我的妈妈不要再唠叨，或是为了讨好我那位富有的爷爷。这并不能使我给这位亲戚打电话的这一行为成为不可允许的。可能我的一通电话能够让他高兴起来，因此我应该打，尽管我打这通电话是伪善的。不过，“我可能不会出于我所表现出来的那种理由而打电话”的这一事实至少是一种反对该行为的考量，而且在没有其它相反考量的情况下，它可以断然反对该行为。

在一种更为广阔的、我称之为**预期性**情形中，也有这种类似的东西，它们也是真实的。它们是这样一些案例：某人之所以与一个行为主体形成某种关系（可能是谈话或其它形式的合作），仅仅因为他或她认为该主体具有某些意图（可能该主体并没有做任何事情以使他/她产生这种臆想），或是受到某些（而并非另一些）原因的驱动。在这些情形当中，关于某行为主体之意图的事实或关于他/她之行动原因的事实，与该主体行为的可允许性就具有相关性。不过，它们仅仅是在一种衍生的方式上与之相关，是作为一种更为基础性的道德要求的结果，该道德要求是：不要误导他人或利用他们对某人意图的误解。因此，这里的问题仍然是：是否有这样一些情形，其中与主体行动理由有关的事实与该行为的可允许性有一种更为根本的关联？

尝试、事实的错误以及更大的行为过程

行为主体的意图看起来能够使某一种行为成为不可允许的方式 41
（它原本不会受到反驳）是，使这种行为成为一个更大的行动过程的一部分，而这个更大的行动过程是不可允许的。例如，假设某人正在买老鼠药。如果他买老鼠药是为了防止他家屋顶上的老鼠毁坏他家人过冬所需要的粮食，那么这就是可允许的；然而，如果他买老鼠药是为了杀死自己的妻子，那么事情就似乎完全不同了。他买老鼠药这一行为的可允许性似乎就取决于他这样做的意图。

我们当然不能允许这名男子将老鼠药放在他妻子的食物里。这一行为之所以是不可允许的，并不是因为他的意图，而是因为这样一个事实：将毒药放在她的食物里，能够预见到她的死亡。假如他有理由相信会有这样的结果，那么他就不应当把毒药放在妻子的食物里；如果他有意图要这样做，那么他应当放弃这种意图。因此，关于那个正在买毒药并意图用毒药杀死自己妻子的人，我们能说的就是：他意图要做的事情是不可允许的，他应当放弃这一意图。

不过，我们对于买老鼠药这一行为本身应当怎么说呢？我们是不是会因为该行为主体当时意图用这份老鼠药毒死自己的妻子，而认定这一行为是不可允许的呢？更大的意图所要做的，就是为买老鼠药提供理由。因此，我们可能会说，根据他买老鼠药的理由他这样做是错误的。不过，更大的意图同样会以另一种方式影响该行为。假设当这名男子买这份老鼠药的时候，他自己并不是有意要杀
死任何人；不过，他有理由相信，让他买老鼠药的邻居正在意图用 42
它来实施一桩谋杀。在这种情况下，为这个邻居买老鼠药就是不可允许的，因为这样就等于是在协助谋杀。这个人不需要（在狭义上）**意图**去帮助邻居实施计划。他不需要将“这会帮助邻居实施谋杀”这一事实，看作是自己购买毒药的一个理由。他有理由相信这

样做会帮助这样一个计划，或者他根据已有的信息认为应当是这样的，这就足够使他为邻居买毒药成为不可允许的。

现在让我们回到最初的案例：该男子正在买毒药以便自己实施一桩谋杀。一个意图要做某事的人确信他自己会去做这件事，或者至少确信他会试着去做并且有成功的可能性。因此，与前面的那个案例一样，那个人买老鼠药就协助了一桩谋杀；而在这个案例中，这个人有理由相信他自己会实施。在我看来，这最合理地解释了意图是怎样与那些隶属于更大的行为过程之行为的可允许性密切相关的。尤其是，说“由于它们协助了其它错误，所以这些行为是不可允许的”，要比说“由于它们是基于某种理由被完成的，所以这些行为是不可允许的”更为准确。这两种对不可允许性的解释是密切相关的：更大的计划为小的行为提供了某种原因，**因为**后者协助了该行为。然而，这两种解释又是可区分的，而且协助能够更好地解释是什么使这些行为成为错误的。它们之所以错误，并不是因为做
43 **它们**的理由，而是因为行为者所具有的更大的意图改变了它们的可能性结果。这是我在第一章当中所说的“意图的**可预见性**意义”的一个例子。

这种对协助的诉求似乎有些勉强。与此案例中这个人仅仅是在协助其他人的某个行为相比，当这个人自己意图用老鼠药来杀死某人时，我们似乎有更强有力的理由说，买毒药的行为是不可允许的。不过这种区别是否与该行为主体买毒药这一行为的可允许性相关呢？的确，在只有一个人的这个案例中，该行为主体在购买毒药时，他具有一个他应当加以摒弃的意图。因此，在这个时候，由于某种超越于协助的东西，他应当受到道德谴责。

这种更进一步的批评以某种方式与协助的错误密切相关，这种方式使一个人的案例区别于两个人的案例。为了弄明白这一点，让我们来考量其它的一些行为，这些行为本身比买毒药更加无辜，但它们也可能协助了谋杀。假如这名男子为了实施毒死妻子的计划，

他不得不在妻子醒来之前就起床。当他这样做的时候，他同样协助了谋杀。那么，我们是不是应当得出结论说，他早起是不可允许的呢？我们可以通过以下的方式来解释这种意见的不合理性。在那个男子为邻居买毒药的案例中，只有当不买毒药是唯一的避免协助谋杀的方式时，该男子买毒药才是不可允许的。假如他买了毒药但可以不把它给这个邻居，或阻止邻居使用这个毒药，那么他买毒药就是可允许的。在那个男子为了谋杀而买毒药并自己打算早起来实施的案例中，不买毒药（或不早起）显然不是他避免协助谋杀的唯一 44
途径。相反，他可以放弃自己的谋杀计划，正如我已经说过的，这是他应当做的。正是这一点使我们不能合理地说："该男子早起是不可允许的。"他应当做的是放弃自己的谋杀计划。他是早起还是待在床上，这本身是无足轻重的。[3]

这种分析同样解释了意图在一些更广泛案例当中所具有的显要意义。例如，在我们关于能够通过克隆技术来创造人类胚胎的争论当中，我们通常会在所谓的"生殖性"克隆和"治疗性"克隆之间作出区分：在"生殖性"克隆当中，人们制造胚胎是为了创造一个新的人；而在"治疗性"克隆当中，人们制造胚胎是为了制造出或发现如何去制造出医疗所使用的材料。人们普遍地认为，前者是不可允许的，而后者则并非是不可允许的；因此，这些行为的可允许性似乎是取决于执行这些行为的人的意图。

我们可以用我提出的方式来解释这一案例中意图所具有的明显意义。为了形成争论，让我们假设，制造出一个人类婴儿——我们能够合理地期望其成长为某一已经存在的个体的基因复制品——是不对的。（我搁置了这样的问题，即这为什么以及在何种方式上是错误的。）由此，我们可以推论出：为了生产出一个已经存在的个体的基因复制品而通过克隆的方式制造出一个胚胎的行为，是错误的，因为在制造这样一个胚胎时，人们可能是在协助一个可能是错误的行为。

45 然而，我们能够以一种不同的方式来理解生殖性克隆和治疗性克隆之间的区别。假设现在有一种意义深刻但却是可辩驳的反对用克隆来制造人类胚胎的道德意见（也许是因为这会以一种值得我们反对的方式干涉或操作生殖过程）。这种反对意见在某些案例当中可能是要被驳倒的。尤其是会被这样一个事实驳倒，即被人们制造出来的那些细胞将会被用来挽救生命。这就解释了为什么治疗性克隆是可允许的。不过，当人们制造胚胎仅仅是为了创造出一个新人类个体时，那么我们就没有任何理由来期望从中获得任何挽救生命的益处。因此，反对克隆的意见就是不可被辩驳的。这是我所说的“意图的可预见性意义”的一个例子，只不过稍稍有点变化。在这一案例当中，制造一个新人类个体的意图影响到了生殖性克隆的可允许性；不过，这种影响并不是源于它造成了值得反驳的可能性结果，而是由于它表明了某种有价值的结果不可能发生，因而我们不能引用它来为制造人类胚胎而作辩护。

至此，我所考察的都是这样一些案例，其中意图的意义是因其可预见性的作用而得到解释的。在寻找另一些情形（其中意图在决定可允许性时可能具有一种更加根本性的作用）时，我们的目光很自然地会落在这样一些情形中，其中某行为的更大的预期结果在实际中并没有产生，而且可能永远都不会发生。一种这样的情形就是尝试的情形——在这些情形当中，行为者着手要做某种不可允许的
46 事情，不过却没有产生他们所预期的有害结果。如果这样一种尝试没有成功，那么似乎就没有实际的有害结果来判定该行为是错误的。因此，人们可能会说，这个行为之所以错误，仅仅在于其结果是有意的，如该行为者行为的目的是为了杀死一个无辜的人。

在一个审慎的行为者看来，在决定杀死某人和决定试着去杀死某人这两者之间还是有细微差别的。在以上两种案例当中，行为主体肯定是相信这种行为至少有很大的可能性会导致那个人的死亡。基于这种想法，该行为主体应当将这种行为（在没有特殊辩护的情

况下）看作是错误的。不过，我们在这里有必要在使一个行为错误的考量与一些因素之间作出区分，这些因素使行为主体应当将这个行为看作是错误的。[4]

这一区分在另一些情形当中尤为明显，在这些情形中，一个行为主体所要做的行为实际上完全是无害的。例如，一个相信巫术的人可能会认为，用针刺一个娃娃就会让他前女友的新情人痛苦地死去。然而，我们没有理由认为，用针刺娃娃在实际上是有害的。因此，它怎么能是不可允许的呢？我刚刚描述的这种行为似乎有什么不对之处。不过，它的错误之处并不在于它是不可允许的，而在于该行为主体（根据他的信念）应当将其**看作**是不可允许的。该行为主体应当将“该行为会导致一个无辜的人死去”这样一个事实，而不是“在做这一行为时，他可能会怀有此种意图”这样一个事实，看作是反对该行为的理由。

可允许性与客观的“应当”

在讨论疏忽时我曾提到，一个行为主体所知道的或她所应当知道的，会使她所做之事的可允许性产生差别。然而，朱迪丝·汤姆森则否认这一点。她认为我们应当以一种“客观”的方式来理解“应当”，她用下面这个例子说明了这一点： 47

> **一天的结束：** B 总是在晚上九点回到家里，他一般做的第一件事就是按下门廊灯的开关。今天晚上他也这么做了。B 按开关时产生了一个闭合电路。由于任何人都无法事先预测的、一系列异乎寻常的巧合，这一闭合电路导致隔壁 A 的房间里产生了漏电（一种小火花）。非常不幸的是，A 正好在该电流路径上，并因此被严重烧伤。[5]

汤姆森认为在这个例子当中，B“侵犯了 A 的某种权利”。人们可能会倾向于反对这种观点，因为B（假设他没有理由认为这“一系列异乎寻常的巧合”会发生）没有过错，也不能因为按下开关而受到道德批评。不过，汤姆森反对那种认为只有行为主体在行为上有过错才侵犯某人权利的主张。她主张，权利概念的核心是，那些侵犯它的行为是行为主体不应当做的。这里我们是从一种客观的意义上来理解“应当”的，它并不包含责任。例如，它是这样一种意思，如果给婴儿吃阿司匹林会使他的情况更加糟糕，那么我们就不
48 应当给这个婴儿吃阿司匹林；即使曾经任何一种迹象都表明这会使他的状况好转。当在这种意义上使用“应当”时，汤姆森认为，假如B按下开关会给A带来严重伤害，那么B就不应当这么做。为了支持这一论断，关于“一天的结束”这个案例，汤姆森还作了如下论述：

> 当我们知道如果B按下开关会发生什么的时候，我们说：“看哪，B，我们知道一些你所不知道的事情。如果我们告诉你，那么说你不应当按下开关就是对的；不过如果我们不告诉你，说你不应当按下开关就是不对的。”难道这样说不是很奇怪么？这种行为的怪异就说明：我们通常客观地使用“应当”一词。[6]

我并不认为B在“一天的结束”这一案例中所做的是不可允许的。的确，人们不应当做那些他能看见或应当看见会对他人产生严重伤害的行为，人们应当小心翼翼地不制造伤害。不过，如果在“一天的结束”这一案例中，仅仅是“由于任何人都无法事先预测的、一系列异乎寻常的巧合”而使B的行为对A产生了伤害，那么B的行为就并没有违反以上要求。如果说B不应当按下开关是对的，那么这也是在特定意义上才是对的，即这里的“不应当”，在我看来并不具有可允许性所包含的道德内容。A与B在事后可能都会希望B没有按下开关，但当B这样做时却并非是不可允许的。

这一结论可以通过如下表述得到支持：汤姆森描述的那种客观意义上的“应当”所表达的观点涉及一种全知者；这种全知者防止它与某个审慎的行为者的观点完全一样，并因此而防止它获得可允许性的观念（这种可允许性的观念适用于后一种见解）。不过，有人可能也会主张说，事情的反面也是这样。正如汤姆森可能会指出，如果B后来知道自己行为的有害结果，那么他可能会正确地将 49
这看作是一种反对这样做的考量。当然，如果没有人知道B的行为的结果，那么B这样做就是没有责任的。然而，有人可能会说，这种责任观念是在评价B决定要做什么的方式，而这正是我一直要使之与可允许性问题区分开来的东西。人们可能会说，与解答某行为规则问题的目的相关的是该行为的实际结果，而并非行为主体对结果的了解。因此，人们可能会总结，当可允许性与对某行为主体做决定的批评性评价（并因此与责任）截然区分开来的时候，它就会与某主体应当（在其客观意义上）做的相一致。

这一回应使人们对责任与可允许性之间的关系产生了困惑。可允许性与责任都是由一些原则界定的，我们在决定做什么的时候会要求彼此去使用这些原则。正如我已经说过的，当人们运用这些原则来引导慎议的时候，它们就对可允许性作出裁定：如果在这些情况下一个行为是可允许的，那么它就是被这些原则所许可的。同样的原则如果被批判性地使用，那么它们就判定了责任。由于同样的原则涉及两种使用，所以可允许性就与客观的“应当”不同，它是一种通常意味着责任的观念。如果我所做的是不可允许的，那么就会有一些断然反对我这种行为的考量；因此，至少在一些极端案例中，我在某种程度上是有责任的，因为我没有恰当地考虑这些考量并仍然做了这种行为。[7]

不过，尽管可允许性通常会带来责任，但是对责任的评估却超越了对可允许性的评估，而将与动机有关的事实纳入考量，如该行 50
为主体是不是出于恶意而行为的；同时它也将行为主体所信仰的东

西纳入考量，如这些信念是不是合理的。[8]然而，在判定一个行为是否是可允许的时候，我们必须要听取一些更客观的因素。可允许性是由我们的境况所具有的那些特征决定的，而我们应当将这些境况的特征当作是支持或反对某种行为的因素。

正是这一点使可允许性的观念看起来与客观的“应当”相一致。为了弄明白为什么它与客观的“应当”并不一致，我们就需要考虑：我们应当接受什么样的原则来指引行为者决定做什么。当我们决定是否接受某种原则时，我们当然主要关注它所允许的行为会怎样影响我们。例如，我们能合理地拒绝这样一种原则：它并不要求他人将“某一行为会导致我们严重受伤”的这一事实，看作是一个强有力的、确定无疑的、反对该行为的理由。

这一原则是根本性的，不过其它一些考量也同样具有相关性，这些考量源自于“我们通常是在处理不完善的信息”这一事实。如果某个我们不能合理地加以反对的原则要求我们将 C 看作是一种强烈反对某个行为的考量，那么由于 C 是否存在并不十分明显，我们在考察任何其它不能合理地被加以反驳的原则时，我们都需要密切关注 C，并且采取合理的方式来弄清楚 C 到底是否存在。使某种行为方式是不可允许的，并非是这样一个事实：在做了这些事情之后，我们**相信**这些行为不会对他人造成危害；而是这样一个与世界
51 有关的事实：采取这些措施使我们看明白，已有的证据并不能说明我们的行为产生了这样一种危险。

根据以上我们必须要作出的说明，我们能够解释，汤姆森在“一天的结束”这个案例中对 B 所作的评论为什么是怪异的。首先，假如那个想象中的对话者（我们将其称作 C），知道按下开关会给 A 造成严重的伤害，那么她的下列言论就是很奇怪的：如果她告诉 B 自己所知道的，那么说 B 不应当按下开关就是对的；而如果她不告诉 B，那么说 B 不应当按下开关就是错的。C 的这种言论之所以奇怪是因为它似乎暗示说：是 B 对这种伤害的知晓而不是这种伤害本

身，使得B不应当按下门廊灯的开关；如果B知道这种伤害，那么他就应当将**其**看作是反对他打开门廊灯的一个理由。不过，他对这种伤害的知晓产生了一种重要的道德差别，这一点是真实的。在最初的例子中，对A的伤害归咎于“任何人都无法事先预测的、一系列异乎寻常的巧合”；而在后一种经过修改的例子当中，C知道这种结果，并且可以很容易地告诉B。因此，这里的情形是截然不同的。然而，这种知晓产生道德差别的这一事实与另一事实是相容的，即当B对这种情况有所知晓时，他仍然应当将“已知的事实”看作是反对自己这一行为的理由，而不应当将“他知道这一事实”看作是反对自己这一行为的理由。

一个审慎的行为主体可以提出可允许性问题，而某个普通行为者就能够回答它。这个问题的答案不仅仅与事实情况到底是什么（是否有人知道它）有关。同时，可允许性也不仅仅与某个特定行为主体相信事实将会如何有关；它还取决于该行为主体在这种情形 52
下该合理地相信什么、该行为主体该做什么来验证这些信念以及该主体是否做了这些事情。[9] 如果在最初版本的“一天的终结”案例中，B满足了这些要求，而且实际上也没有任何人有理由相信按开关是有害的，那么我们就能合理地说，B按开关不仅是没有过错的，而且他这样做也是可允许的。基于这些理由，我认为，与某行为之道德上的不可允许性直接相关的“应当不”（ought not）所具有的意思并非是一种客观的意思。

行为主体的理由和行为的意义

无论行为主体的行为理由是否影响到该行为的可允许性，该行为者的理由都确实会影响到我所说的行为的**意义**——该行为对行为主体和他者所具有的意义。我在上文中所讨论的表达性情形为这一点提供了例证。根据我给一个生病的亲戚打电话的不同理由，我的这通电话对他（包括我自己）所具有的意义也有所不同的。如果我是真的关心他的健康而打电话给他，这是一回事；但如果我对他的健康状况并不关心，只是为了讨好我那位有钱的爷爷而不得不表现得关心我的亲戚，那么这是另外一回事；如果我恨这个亲戚，我打电话只是为了听听他是多么虚弱并以此为乐，那么这又是另外一回事。在每一种情形中，我的这通电话都显示出我们之间的不同关系，因此，我们也就有不同的理由来评价它、对它感到失望、对它感到羞愧、谴责它、珍惜它抑或用其它方式回应它。

53 我那种出自关心的行为所具有的意义应当与另一种意义上的行为的意义区分开来，在后一种意义中，一项行为的意义是由他者的反应决定的（或者是由他们合理地反应的方式决定）。例如，如果某个家庭是邻居当中唯一没有受邀参加街区舞会的家庭，而它又是这个街区唯一的一个黑人家庭，那么这个家庭可能合理地将这看作是一种歧视，即使他们只是由于某种差错而被遗漏了，或只是因为有孩子的家庭才受到邀请而他们没有。像他们这种反应的结果是至关重要的，并且可以影响到一个行为的可允许性。这种广义上的意义并不是该行为主体的真实理由所具有的作用，而是他人合理地或不合理地将这些理由看作是什么的问题。不过，这种意义上的意义并非我所要研究的焦点，因为我关心的是一些方式，在这些方式中，一个行为主体的行为理由可以影响他/她的行为的可允许性。

在表达性情形中，行为具有一种狭义的、几乎是语言学意义上的意义。例如，我给生病的亲戚打电话是为了表达一种关心，也是为了表明我是出于某种原因打电话的，并希望她能够明白我打电话的原因。然而，我所关心的行为的意义是一种更广泛意义上的行为的意义。如果一个人在行为时毫不关心他人的利益，那么这就有了一种特殊的意义——它表明了一些有意义的、与他对那个人的态度及二者关系有关的东西，无论他是否有意表达这一点。[10]

我已经说过，某行为的意义就是它对于**某些个体**而言所具有的意义，因为出于同样的理由而做出的同样的行为，对于不同的人而 54
言会具有不同的意义，这取决于他们与行为者的关系。例如，一个人出于对某种原因的信奉而作出巨大牺牲的这一事实，对于那些同样信奉此种原因的人而言具有一种意义，对于这一原因的受益人而言则具有一种不同的意义，而对于那些信奉相反原因的人而言又会具有另一种不同的意义。正如这个例子所显示的，尽管某些意义的形式与道德评价有关，但它们并不一定是道德的。一个行为之所以能够有意义，是因为它能够反映出行为主体对某种目的的忠诚程度；即使这种忠诚，如对某特定文化传统的依附，在道德上也是中立的——它既不是道德上必需的，也不是道德上被禁止的。

“**对琼斯而言**该行为的意义”这个短语可以被用来意指，琼斯认为该行为所具有的意义。然而，这并不是我想要的。我所说的对某人而言某行为具有某种意义是指，根据做出该行为的理由以及这个人与行为主体的关系，这个人有理由赋予该行为的意义。因此，我可能会误解你的行为所具有的意义。我可能会将你的行为看作是一种背叛，不过我也可能被误导了，这可能是因为我误解了你做这个行为的原因，或是因为根据我俩的关系，我误解了我对你所具有的权利。

至此，在我给出的与意义有关的例子中，某行为者的行为对他人而言具有意义；不过，行为显然对其行为者也具有意义。比如，我毫不关心一个朋友的需求而行动或没有按照我所信奉的某个价值观的要求去做，这一事实对我——我对自己的感情、我对与他人关 55
系的理解——而言具有举足轻重的意义。与此类似，从正面来看，我可能会正确地赋予我的一些行为方式以重要的意义，这些行为方式能够表达我对家庭的爱、对某种原因的许诺，而这也给我理由以珍惜能有这样的机会来这样做。

一个行为的可允许性与它的意义是相互关联的。如果我不可以用某种方式来对待你，那么我这样对待你就具有某种特定的含义：它表明我没有恰当地权衡那些使这种对待方式成为不可允许的考量。然而，一项行为的意义可以独立于其可允许性而发生变化。故意伤害你和由于疏忽大意而导致同样的伤害都是不可允许的，但二者却具有不同的含义：前者直白地反映出对你的恶意，而后者则仅仅反映出缺乏足够的关心。

我已经说过，一个行为的意义取决于行为者做它的理由。不过，行为主体可能会将很多考量看作是实施某个行为的理由；也可能将其中不止一项看作是值得去做这个行为的充分理由。当是这样的时候，所有的方式——其中行为主体将这些考量看作是行为的理由——都与该行为的意义密切相关。一个行为的意义并不取决于行为主体从这些考量中挑选出某一个作为他如此行为的理由。

例如，假设我向我的朋友承诺说我会在吃晚饭的时候见他，我也确实很想见他，而且我也没有其它打发这个夜晚的方式；那么我
56 可能将其中的任何一种理由看作是我按照约定时间赴约的充分理由。考虑到这个承诺，尽管我不想晚上出去但仍然会去；考虑到我会很喜欢这次约会，我会赴约，尽管我没有任何义务要这样做。那么，这个行为对我和我的朋友而言所具有的意义便取决于这样一个事实，即我将这些考量都看作是赴约的理由。如果我仅仅是出于义务而赴约或者仅仅因为我认为会比较好玩（与我已经承诺这一事实毫无关系）而赴约，那么我的赴约就具有不同的意义。因此，由于我将这些考量都看作是原因，那么为了判定该行为所具有的意义，我们并不需要从这些考量当中挑选出一个作为我这样行为的理由。这样做会改变甚至会消解该行为的意义。再者（这一点在后面会更加重要），我们并不清楚这种“挑选”是什么，除非它要我改变心意来重新思考：这些考量中的某一个是不是我做出这个特定行为的相关理由？[11]

出于错误的理由而做正当之事：可允许性与选择

我一直在强调原则的慎议性使用和批判性使用，以评价个体决定做什么的方式；我也极力主张，我们应当在道德原则对行为主体的要求与行为主体行为的理由之间作出区分。不过这些区分看起来似乎有些牵强。说一个完全忽视其行为所依赖的道德理由的人正在做的行为是可允许的，这听起来是很奇怪的，尽管他所做的“与义务相一致”，并且我们对其行为结果没有什么可抱怨的。例如，某 57 人去帮助一个急需帮助（甚至可能是濒临死亡）的人，如果他这样做仅仅是出于使自己出名，而不是出于对这个人的关心，也不是出于他认为不帮助这个人就是错误的，那么我们确实会说他“做了正当之事，但却是出于错误的理由”。不过，在这种情形下，这个行为者的行为是不是可允许的呢？

刚刚所提到的为人们所熟悉的例子并不能最佳地契合我当前的目的。该行为者预定的救人目的——提升自己的名誉，只有当她表现得是出于与自己利益无关的理由去行动时，才能够得以实现。这使她所做的成为我所说的“表达性”行动的一个案例，由于它是伪善的，因此易于受到道德批评。让我们来考虑另一种案例。在这种案例中，我们不能以这种方式来解释该行为在道德上有问题的特征；相反，我们假设该行为者痛恨那个需要帮助的人，而且很高兴看着他死去；不过，她却救了这个人，因为她并不希望他**这个时候**就死，因为这意味着他的那个在政治竞争中与她命系一线的后人会有更多的钱花在竞选上。

一方面，如果说出于这种理由而救这个人是不可允许的，那将是很奇怪的。行为主体在这种情况下该做什么呢？**不救**这个人？另一方面，可能有人会说，出于错误的理由去救人和根本不去救人，并非是仅有的选择：她所**应当**做的就是出于**正当**的理由去救他。这

里有一种很明显的含义：如果她不这样做，那么她就没有以他所应
58 当获得的方式去对待他。再者，人们可能会进一步说，在该行为者权衡要做什么的时候，她明白这一点。道德考量并不像“一天的终结”案例中的因素那样，是深奥难懂或不可知的。一个人如果在行动时毫不关心相关的道德考量，那么她肯定是要受到某些道德批评的。但是，如果她所做的是可允许的，那么我们该如何区分可允许性问题和这种更广泛形式上的道德评价呢？

一种可能性的答案是：根本就没有这样的区别——我们这个例子中的那个人不会出于正当的理由去救那个人，这个事实不利于该行为的可允许性；但却被另一个事实胜过了，即有个人的生命危在旦夕。（在早先列举的给生病的亲戚打电话的案例中，我已经说明了这种可能性。）然而，我认为这里有着一种更加根本性的差别：该行为主体没有被正当的理由所驱动，这反映出他的一种过错；不过，这并没有否定其行为的可允许性。在我看来，对这种区分的最佳解释在于可允许性和选择规则（guiding of choice）之间的密切关系。

可允许性问题是这样一个问题：“我能做 X 吗?”这通常是从一个行为者的角度提出的问题，该行为者面临着诸多不同的行为方式。问题在于：哪一种方式是人们可以选择的?[12]因此，可允许性问题仅仅适用于各种备选项，一个有能力的人能在这些备选项当中进行选择。

这一提议会留有这样一种可能性：那些被该行为者当作是他/她以某种方式行为之理由的各种考量，可能与这种行为的可允许性密切相关，如果以这种方式而行为和因这些理由而行为的行为是行
59 为者能够选择的东西。我们已经在表达性情形和预期性情形中看到了一种方式，在这种方式中上述的可能性能够得以实现：如果一个行为主体要给她生病的亲戚打电话，她这样做只是为了让她的妈妈不要再烦她，而不是因为她真的关心这个亲戚，那么她打电话就是

不可允许的，因为这样做是伪善的。在这样的案例当中，我所提到的选择条件得到了满足：例如，在认识到自己给这个生病的亲戚打电话的各种理由后，该行为主体完全可以选择不打这个电话。不过，我们现在考虑的是另一种不同的可能性。该意见是：恶意地造成一种结果是不可允许的；不产生这种结果也是不可允许的；唯一可允许的事情就是：为了正当的理由而产生这种结果。如果我对可允许性和选择之关系的理解是正确的，那么只有当主体能够选择出于那些不同理由的行为的时候，上述意见才是有道理的。我认为这种选择是不可能的。

的确，我们会在某个层面上明确地为了某些原因而选择去行为。任何一个行为都是由某种目的引导的，当我们选择去做这个行为时，我们就选择了要被这样引导。例如，在上文所描述的挽救生命的案例中，当一个人选择要去挽救一个溺水的人时，他就选择了要受到“将他安全地从水中救出来”这个目的的引导。因此，他也就选择了要面对这样一个事实：一个行为会满足这个目的，该目的是作为采取这个行为的一个原因（an action would serve this purpose as a reason to take that action）。然而，当前的问题与另一种不同的原因有关，这些原因是一个行为主体在接受“挽救这个人”这一目的时可能具有的原因。只有当一个人将某些考量看作是支持某种目的的时候，他才会接受这种目的。正是在这个最基本的层面 60
上，我认为我们不能**选择**那些被看作原因的东西。

当我们将某些东西看作是理由时，我们当然要对它们负责。也就是说，由于将某些本不是原因的东西看作原因以及没有服从于那些是原因的东西，我们容易受到批评（包括但不限于道德批评）。然而，在我看来，我们并没有**选择**要将哪些东西看作是终极的理由。我们需要判定某个东西是不是一种理由——这是我们要负责的部分。不过在这种情形中，判定并不等同于选择，因为它缺乏相关的自由操作的元素。当一个人将行为诸多过程的每一步都看作是有充分的理由的时候，他就可以选择要去做哪一步。在这种意义上，他就可以选择要基于哪种理由去行动。然而，正如以上我在讨论我与朋友见面吃晚饭的案例时所指出的，当一个人认为诸多考量都支持同一种行为时，他就不能选择要基于这种或那种理由去行为，除非他改变主意而怀疑有些理由是不是真的（或是否足够充分地）支持我们所讨论的行为，并因此而贬低其中一些理由。一个人在这种方式上改变主意是一种判断——一种决定——而并非一种**选择**。当一个人对哪些考量算作是支持他的某种行为的判断保持一致时，就不存在从中选择或“挑选”出其中一种以作为他行为的理由这样的事情了。

当然，人们可以选择去表明或者试着去表明：人们将某些事情看作或不看作是原因。我可以选择某种方式来支配我的主要注意力，以便削弱我把对手的痛苦看作是应当追求之事的那种倾向。我
61 也可以选择将我的注意力从跟我有关系的那个机构的种种道德缺陷上转移开来，以让自己继续认为我有理由去促进它的繁荣。因此，做与不做这些事情，都可能是不可允许的。不过我在这些案例中所选择的，并不是将某些东西看作或不看作是理由，而是进行了一种自我操控的过程，这种自我操控旨在表明我有这样的态度。[13]

这种关于选择和理由的结论，解释了为什么以下表述是很奇怪的：如果某人认为挽救他人的唯一好的理由就是这个人活着会给她带来好处，那么在这种情形下，对她而言，唯一可允许的行为就是出自正当的理由来挽救这个人。这样说之所以奇怪，是因为它预先假定她可以选择出自于关心这个人的健康而去行为。她确实可以选择是否去挽救这个人，但她并不能选择去将某种特定的考量看作是这样做的一个理由。[14]因此，根据我们所考察的前提，可允许性问题仅仅适用于是否去救的这个决定。[15]

这种解释似乎正好与这样一种有吸引力的观念相冲突，即道德考量并不仅限于少数人，而是对每一个行为主体都有效。如果那些

被某道德原则确认为相关的理由在这种意义上是“有效的”，那么为什么基于它们的行为——出于**正当的**理由做正当之事——对该行为主体并不是有效的呢？该问题的答案是，道德考量的有效性仅仅意味着一个具有正常能力的行为主体应当能够理解它们，并且明白是它们提供理由的。这并不意味着，一个行为主体（无论出于什么 62
原因）虽然不明白这种理由所具有的力量，但都能**选择**去明白其力量，或者**选择**去基于它而行为。我所提出的假设只是否定了后者。

意图与行为主体的主张

现在，我要回到那个最一般的问题：某行为的可允许性如何能够依赖于该行为的意义，或更广泛地说依赖于该行为主体这样做的理由？表达性和预期性情形已经提供了一些可允许性依赖于意义的例子，不过在这些案例中的这种依赖是衍生性的——依赖于其它一些道德原则，这些道德原则要求人们公开自己的目的。意图的可预见性意义尽管十分重要，但也是衍生性的，它最终依赖于某行为预期对他人所具有的结果的意义。因此，问题仍然是：可允许性是否以一种更加直接、更加根本性的方式依赖于意图或某行为者的行为理由？我将把我的探讨分为两个部分：第一，在这部分以及接下来的内容中，我将研究一个行为的意义以及该行为主体做它的理由是否能够像以前那样，通过强调该行为主体被允许这样做的理由，而对某行为之可允许性的理由有着积极的影响？第二，在接下来的两部分内容当中，我将考察一个行为的意义以及该行为主体做它的理由，是否能够通过强调他人对该行为的反驳，而不利于该行为的可允许性。

在情况 C 下，支持某人做 X 的道德可允许性的理由，取决于那些身处这些情况中的人们所具有的做 X 的理由。因此，在某种意义 63
上看来，一个行为的可允许性显然确实依赖于行为主体做它的原因。不过，显而易见的事实却是：一个行为的可允许性取决于一个人在处于那种情况中时**实际具有的**这样去做的原因。这并不能直接推论说：只有当一个人实际上是出于那些支持其行为之可允许性的理由而行动时，他或她这样行为才是可允许的。这后一种主张正是我当前所关心的问题。

的确，能够产生这一主张的那种情形，就是我在上文说过的意图的可预见性意义的案例。假如我的房子着火了，而我能够弄到水来将火扑灭的唯一途径就是穿过你的土地。为了讨论，假设穿过你的土地的理由使我这样做是可允许的，那么使这个行为成为可允许的是我穿过你的土地的目的，即为了弄到（也就是说，目的是为了得到）水来救火。如果我穿过你的土地仅仅是为了看看它或为了弄水来浇花，却让我的房子烧毁，那么我穿过你的土地就是不可允许的。（即便很奇怪地，我对视察你的土地或浇花比救我的房子更感兴趣，我穿过你的土地也是不可允许的。）抢救我的房子的重要性使得限制你的财产权成为正当的。因此，我穿过你的土地对我救火是否真的有帮助，这是十分重要的。如果我仅仅是随便走走、傻乎乎地看看你的大房子或是取一点仅够浇花的水，那么我穿过你的土地对我救火就没有什么帮助。[16]不过，只要我需要水来救火，那么
64 我就需要穿过你的土地来弄到水；我通过这样去做来达到这一目的，而我实际的心理状态与此并不相关。在这个案例中，我的行为的可允许性并不取决于我是否也受到了以上所提及的其它目的的促动，也不取决于哪一个是我穿过你的土地的“真实理由”。（正如我在上文所讨论的，后一个问题可能是没有答案的。）

因此，在这些案例中，意图的意义再次是可预见性的。那么，问题就变为：是否有这样一些案例，其中某行为主体的行动理由所具有的意义超越了这一点——那些促进某行为主体去行为的理由，在该行为的结果是恒定的时候，是否与可允许性相关。

一个承诺的例子能引出这个问题。假设 A 正要将公寓租给 B，

A 对 B 承诺说，只要他是一个好的房客（按时付房租、爱惜她的财产，等等），她就不会让他搬走，除非她需要把这间公寓给她的某个孩子。然而，假设过了几年之后，A 对 B 感到有些生气，不太想把公寓租给他了，而此时恰好她的女儿需要一个住的地方，于是跟 A 讨要这间公寓。尽管 A 并不十分渴望让她的女儿成为她的房客，但她经过权衡之后，觉得这总比与 B 僵持着要好。于是，她给 B 下了逐客令，并将公寓租给了自己的女儿。我认为，A 之所以这么做，是因为她感到有义务帮助自己的女儿，同时也是因为她对 B 怀有怨气。如果她更喜欢 B，那么她很有可能拒绝自己女儿的请求。

在这个案例中，A 的行为的可允许性是否取决于她决定当中涉及的这两个理由所具有的相应作用呢？在我看来，答案是否定的。 65
只要 A 的女儿需要住的地方，那么 A 就能选择让 B 搬出去以满足这一需要。如果我们合理地分析 A 对 B 的承诺，那么就能支持这一结论。该承诺的目的在于向 B 保证，他不会被随意撵出去；但同时该承诺也给 A 留有机会以履行自己的家庭义务。如果我们将该承诺的目的看作是为了保证 A 有机会参与某种具有特定**意义**的行为——如出自母爱或义务的行为，那么情况就有所不同了。在这种情况下，仅当 A 实际上确实是出于这点而行动的时候，信守承诺的例外才能够适用。不过，对该承诺的这种解释会使 A 看起来是极其自恋的。

既然这个理由取决于某个特殊承诺的内容，那么它就不会在任何一个事件中成为理由——在这些事件中，行为主体的理由具有根本性的道德意义。因此，让我们来考虑另外一种案例。在这种案例中，问题不在于某个特殊承诺的内容，而在于遵守诺言这一道德要求的局限。[17]假设你住在加利福尼亚，你之前承诺要参加某个老朋友在纽约举行的婚礼。然而，在婚礼的前三周，你发现自己得了癌症，你的医生催促你立即进行手术并开始接受化疗，这使你没办法赶过去参加婚礼。我认为，这给你再充分不过的理由不赶过去。然

而，若不是因为你最喜欢的某个电视剧演员刚好在那周要来你们镇
66 上，而你又不想错过这个见他的机会，那么你是非常想见你的朋友们的，而且你会不顾医生的建议愿意赶过去。假定这是你不去参加婚礼的原因，那么你这样做还是可允许的么?

在我看来，这是可允许的。你的生命受到威胁使你从赶过去参加婚礼的这一义务当中解脱出来。不过，这里我们要将可允许性问题与意义问题区分开来。与参加朋友的婚礼相比，你更在乎去见一个电视剧明星，这个事实体现出你跟他们的关系。友谊并不要求你冒生命危险去参加朋友的婚礼，不过通常情况下，它涉及更关心朋友而非去见一个著名的陌生人。因此，你不去参加婚礼的理由，将会在你朋友的心中产生一个合理的、关于你们友谊的疑问。不过这个问题与你的选择所表现出的优先性有关，而不是与你是否违背了某种道德义务有关。

意图与正当防卫的可允许性

到目前为止，我们所考察的因素同样能解释正当防卫中行为的可允许性。阿奎那对这个问题的讨论，通常被引作双重效应学说的源头之一。[18]在他的解释中，正当防卫杀人的可允许性极大地取决于行为者的意图——尤其是取决于该行为主体是否以及以什么方式，旨在保存他/她自己的生命而伤害那个威胁自己生命的人。这就使得我们在这里尤其要考察，该行为主体的意图在我提供的说明
67 方面起到了什么样的作用，以及如何解释这种作用。

有种一般性原则禁止那些预期能够导致他人死亡和严重伤害的行为，正当防卫的可允许性是这种一般性原则的一个例外。有两种论证路径可以支持这种例外。一种是基于这样的观念：由于危及到某人的生命，故而这些行为主体在受到暴力的时候，没有资格抱怨。当某人毫无理由地选择去攻击别人时，他又怎么能抱怨别人用

暴力来反抗他的这种攻击呢？另一种论证路线基于这样一种重要性：一个人要力所能及地防止命丧黄泉或身受重伤。如果一种行为对他人所造成的伤害是不成比例的，那么我们怎么能够要求人们去接受一种阻止他们采取这种行为的原则呢？我将搁置第一种论证而集中考察第二种，因为正是行为者的意图在这里可能是相关的。

仅当一个行为者有理由相信他或她处于危险之中，并且有必要使用武力来保护自己免于这种危险时，在正当防卫中使用武力的可允许性才能够得到正当性证明。因此，这种许可只能允许这样的武力，即行为者合理地认为缓解该威胁所必需的武力。仅仅为了正当防卫而采取行动的行为者与为了杀害自己的仇敌而采取行动的行为者之间，是存有区别的。这个区别就在于，后一种行为（而非前一种行为）的目的可能会促使行为者造成更为严重的伤害，这种伤害大于正当防卫所造成的伤害。

因此，意图上的差别就具有了预期性意义，在讨论策略轰炸和恐怖袭击的时候，我就已经说明过这种意义。那个案例中的问题是 68
赞成某项军事轰炸之可允许性的问题。那些执行该命令的人的意图至关重要，因为它与我们评估他们在面临不可预见的变化时所可能会做的事情是息息相关的。如果在可允许的正当防卫中，我们许可一些由不同方式完成的行为，那么意图的预见性意义就仍然是至关重要的。

然而，在考虑正当防卫的可允许性的时候，我们很自然地会想到一些更加具体的行为的可允许性；这些具体行为涉及一些具体的危害，比如用刀捅或用枪射击侵犯者的某个部位或将他/她推下悬崖等。我们可能无法精准地确定这样一个行为会导致什么样的危害，但这些结果并不取决于该行为者进一步的选择，因而也就不取决于引导他/她的行为的各种目的。因此，这种具体行为的可允许性，仅仅取决于该行为者是否能合理地认为自己**有必要**使用这种武力来避免自己的生命受到威胁或身体受到严重伤害——那些对攻击者不造成多少伤害的行为不能满足这一点。如果这一条件得到了满足，那么这种武力的使用就是可允许的。因此，我们就不需要考量该行为者的行为理由。

我们可以想象这样一种案例，其中进行正当防卫的决定更像是授权一场轰炸战役的决定。假如一个人为了保存自己的生命，他就必须要与那个危及自己生命的人进行一场殊死搏斗。这个人可能知道，打斗过程中的搏击会让愤怒之情高涨，于是他可能在盛怒之下带着敌意疯狂地出拳，从而使用过多的力量。当攻击者是他所憎恶
69 之人时，情况更可能是这样。然而，在这个案例中，这个人应该怎么做呢？被动地忍受并允许别人杀害自己？这种打斗的可允许性，在一种“罪恶的威胁”（guilty threat）——一个人选择去攻击某人——中尤为明显。不过，假如袭击者是受制于药物引起的偏激，他就对此毫无责任。那么，在这种情形下，避免打斗将是一种高尚的行为，因为一旦开始打斗，人们就可能过多地使用武力。然而，这是必需的么？我并不这样认为。即使在这个案例中，在正当防卫中使用武力的可允许性也并不明显地取决于该行为者的意图。

再者，“当使用某种武力时，行为者的理由是什么”这一问题可能并没有确定的答案。任何人只要理性地认定下面这一点，即使用武力以避免生命死亡和身体严重受伤是必要的，他们就会认为自己有理由以这种方式使用武力。这样一个人可能受到仇恨的鼓动，也可能受到要杀死那个给他带来威胁的人的欲望的鼓动。然而，正如我在上文所论述的，很可能没有答案来回答哪一个动机是主导性的这一问题；而且，只要其它的条件得到满足，那么该行为的可允许性并不取决于对此有所回答。

意图和他者的主张：歧视

现在我将转而讨论另一些案例，其中某行为主体的行为理由可

能会由于强调他人反对此行为的理由，而影响到其行为的可允许性。歧视的行为为此提供了一些合理的案例。可能有这样一些案例，其中某行为者没能给一个人提供某种福利，这是可允许的；但 70
如果是因为他/她属于某一民族，该行为者将该民族看作是劣等的、不配得到与其他民族一样的重视，从而不给他/她提供福利，这就是不可允许的。

一种设想该案例的途径就是：假设该行为主体有义务（可能是由于承担了某种角色）去根据某特定标准而分配某种福利。例如，这一义务可能是雇用某个最合格的人来完成某种工作。在这样的案例中，如果该行为者由于那个最合适的人所属的民族而拒绝给他这个工作，他这样做就是错误的。然而，考虑到我们假设该行为者应当负有的责任，我们可以不诉诸该行为者的原因所具有的歧视性去解释该行为的错误之处。如果将这个工作给一个朋友或亲戚而不给那个最适合的人，或是由于工作量太大而根本没有慎重考察各个应聘者所具有的资格，就把这个工作指派给某个人，这些做法同样是错误的。但这些并不是歧视的例子。

我们可以从两个层面来解释这种案例涉及的错误之处。第一，从根本上来说，如果有人更适合、更有资格获得这个工作，那么把它给另一个人就是错误的。第二，从程序上来看，这种行为可能是错的，因为该行为主体没有采取必要的步骤来寻找、听取那些与作出正确决定相关的信息。这种过错类似于一种轻率或没有足够的慎重。即便该行为主体（在看都没看应聘者的材料后）所选择的人恰好是最合格的应聘者，这第二点也是适用的。然而，我们在此处要 71
辨识的是这样一种歧视，它之所以错误的原因超越了这些反驳——这些反驳与该行为主体的那些正面理由有关，这些理由支持该行为主体从应聘者中选择出某些人。

要明白一种歧视性的理由如何使某行为者的行为是错误的，我们就应当寻求一个案例，其中行为者能够将某种善物分配给诸多不同民族中的任何一个，**只要**她这样做并非出于错误的理由。例如，一个人将她的房子租给众多租户中的任何一个，这在道德上都是可允许的；不过，如果她由于其中某个租户所属的民族而拒绝将房子租给他，那么这在道德上就是不可允许的。

这种歧视性的行为在道德上似乎是值得反驳的，不过这种反驳的理由是什么呢？为什么基于民族这样的理由来从众多预期的租户中选择，在道德上就是不可允许的；而基于其它的理由，比如他们去过普林斯顿或他们所穿的衣服撞色了等理由进行选择，在道德上就不是不可允许的呢？

一个可能的答案是，至少在最根本的解释层面上，这些理由之间并没有重要的差别。这种观念可能是：在这些案例中起作用的那种根本性的道德观念，是一种理想的、关于公平的一般性观念——它认为，每个人都有资格具有平等的机会来得到一些重要的物品，如住房。这意味着他们有权要求决定者根据他们是否适合作为租户（如他们是否能可靠地及时支付房租、是否能够保持房屋清洁、不会太吵等）而进行评判。如果基于这些理由无法从这些预期的租户中作出选择，那么决定者应当进行抽签以给每个人平等的机会，或是根据其它不偏不倚的理由作出决定，比如是谁最先申请的。这将会把所有的歧视性的行为都置于一个普遍化的解释视域当中，我在那个基于特定理由而分配某善物的具体义务的案例中，考量过这种解释。这个案例中的错误之处在于他人的更高要求，或是行为主体没有应用合适的程序以在这些要求中作出裁决。

72 (margin)

这种解释在很多层面上来说似乎是不令人满意的。首先，它所依据的基本要求似乎过于严格、过于说教。至少在我看来，似乎并不是如此，即我们在道德上需要通过掷硬币以在那些具有同等资格的预期的租户中作出选择。其次，即使有这样一种道德要求，基于民族的歧视似乎也有着某些特别的、值得反驳的地方。我们正在寻找一种解释来说明为何如此。

第二种可能的解释是：被我们称为歧视的那些决定之所以是值得反驳的，是因为它们涉及一种侮辱——它们表达为这样一种观点：某些人是低劣的或是在社会上不可接受的。这一解释有其合理之处。按我们通常的理解，歧视似乎确实涉及这种判断。不过，我提到的其它歧视（如抵制常春藤学校的毕业生、反对某种着装的人），可能也涉及这种判断，并因此也可能是侮辱性的。我们需要解释的是，为什么基于民族或其它某些理由的歧视，是更严重的并因此是错误的。

对于种族歧视而言，尤为重要的是：它涉及的这种歧视性的判 73
断，不仅是某一特定个体的奇怪态度，而是为这个有问题的社会普遍共享的观点，并且以某些能够导致严重结果的方式被普遍表达和践行。我们同胞们的一些小的好恶，可能是我们只需要忍耐的东西。然而，如果“某个团体是劣等的、不要与之相处”的观点在某个社会中极为盛行，以至于该团体中的成员无法得到重要的善物和机会，那么情况就有所不同了。歧视之错误的基础，在于对这种伤害的道德反驳。我们无法要求任何一个人去接受这样一个社会：该社会以这种方式将他们划作劣等的，并否认他们的一些基本利益。当这种情况发生时，基于某种理由的个体歧视行为就是不可允许的，因为它们支持并延续这种行为。因此，它们之所以错误，既是由于它们的结果——将某些人排除在各种重要机会之外，也是由于它们的意义——它们所表达出的并帮助维持的劣等的评判。

由于后一种反驳取决于一个行为的意义，所以它取决于该行为主体的理由；而前一种反驳则并不如此。一旦某种歧视的行为存在，那些没有足够理由就否定被歧视团体成员之重要善物的决定就是错误的，即使这些决定并没有表达出行为主体关于劣等的判断。即便只是出于懒惰或只是出于一种避免反对既定风俗而冒犯他人的想法，它们也是错误的。

值得指出的是，这种歧视观念是单向性的。它仅仅适用于以下

74 一些行为，这些行为使那些遭到普遍贬低和排斥的团体的成员处于不利地位：在种族案例中，它仅仅适用于那些贬低黑人的行为或政策，而并不适用于所有的以种族为标准的政策。因此，当我们这样来理解歧视时，“反面歧视”就是一种矛盾比喻。如果有一种反驳平权法案（affirmative action）政策的意见，它就必须要基于某些其它理由，如这样的主张：我们有一种独特的正确理由来分配所讨论的那些善物，而它与种族并不相关。我们需要为这里所讨论的标准作辩护，而不是诉诸歧视的观念来支撑这一主张，因为正如我在这部分内容的一开始所指出的，并不是所有的对相关标准的背离都会被指责为歧视。

意图和他者的主张：威胁

并非所有的威胁都是不可允许的；不过，某种特定行为是一种威胁，这一事实是对它的一种道德反驳，而且似乎行为有时候会由于其强迫性而成为不可允许的。一个行为过程是否为一种威胁，这似乎取决于行为主体的意图（具言之，取决于他或她采取这一行动方案的理由）。因此，这似乎成为一类案例，其可允许性可能取决于意图。为了弄明白在这些案例中，意图是否以及如何与可允许性相关，我们首先需要考虑是什么使一个行为成为一种威胁，而并非仅仅是一种警告。[19]

威胁与警告在某个重要方面十分相似：它们都告知某人，以某
75 种方式行为会导致不希望的结果。如果告知者无法掌控这种不希望的结果，那么警告就不会成为威胁。警告某人说倚靠在冰砾上很可能会导致雪崩，这并不是一种威胁；不过，告诉某人如果他以某种方式行为，你就会做他不希望你去做的事情，这也未必是一种威胁。假如我跟你说，如果你明年开设一门伦理学的课，而不是你通常开设的形而上学的课，那么我就会自己开设一门形而上学的课

程。如果我认为你考虑到我的新实证主义的倾向而并不希望我去教形而上学，那么这就是一种警告。不过，这一警告不会成为威胁。例如，你不开设形而上学的课程我就会开设的理由：我认为这种课程应当每年都开设。

“我告诉你我要做什么”这件事要成为一种威胁就至少需要：我这样做并告诉你我的意图，这是因为我认为这是你不喜欢的事情。我倒并不需要认为，我告诉你这些会影响你的行为。我在威胁你的时候可能是在寻求报复，或仅仅是表达我的憎恨。然而，我所关心的那种威胁，即被我称为刺激性的威胁，是那些试图影响受众之行为的威胁。[20]

因此，某事是一种威胁还是一种刺激性的威胁，就取决于行为主体的理由——不仅仅取决于她以某种方式将自己的意图传达给行为的理由，也取决于她形成这种意图的理由。我感兴趣的问题是，某行为主体所依据的行为理由的差异，是否以及为什么应当对其行为的可允许性造成不同的影响。

抽象地来看，一种刺激性的威胁具有以下的结构：该威胁的接
受者处于一种是做 A 还是做 B 的境地当中，每一种行为都有特定的 76
结果。然而，干涉者为了让接受者选择去做 B 而不是 A，他决定（并且对接受者宣布）如果接受者做了 A，那么该干涉者将通过制造某事（比如惩罚）来改变行为 A 的结果，而这是接受者有理由不期望的。

当非刺激性的威胁是不可允许的时候，人们大多数时候是用强加惩罚的不可允许性来解释这种不可允许性的。如果我做行为 P 是可允许的（无论你是否喜欢），那么“我做行为 P 是因为你不喜欢”的这一事实，并不能使我做这件事或告诉你我将做这件事成为不可允许的。我做行为 P 的理由改变了我的行为所具有的意义——赋予其“针对你”的特征，但却并没有改变其可允许性。我们可以基于以下理由来解释一个非刺激性威胁为什么是不可允许的：如果对某

人做某事是不可允许的，那么使他有足够的理由害怕你要做这件事也是不可允许的。

然而，在不可允许的刺激性的威胁案例中，情况会稍有不同。至少在众所周知的“要钱还是要命!”（Your money or your life!）案例中，这种惩罚本身就是干涉者不能做的。然而，这里似乎有一种反驳该威胁的道德意见，它超越了那些适用于反驳强加威胁性惩罚的意见；这种反驳与该威胁的接受者正在被迫做某事有关。这里的问题在于：我们该怎样去充分理解这种更深层次的、基于有意影响的道德反驳。

我们可以这样来解释刺激性的威胁的错误之处：威胁之接受者
77 的选择处境变得更加糟糕了，因为选择去做 A 就要接受它所附带的不期望的惩罚；或者他被迫去虚假地相信，这种不期望的惩罚与选择去做 A 就是这样捆绑在一起的。某些选择附带有一些不想要的结果，这并不总是一件坏事情。在选择不受妨碍的情况下，我们有时候需要去做一些原本我们有很好的理由去做但却可能没有做的事情，并且能从中受益。[21]在系上安全带之前，我不该反对烦人的提示音，也不该反对那项威胁我不要醉酒驾车的法律，因为它们在我看来都是好事。然而，如果某人因为其所附带的一些不想要的结果，而不情愿地放弃那个起初想要的备选项，那么则是不好的；而且“是威胁造成这一点”的这一事实，可能是使得威胁在道德上值得人们反驳甚至是不可允许的原因所在。不过，这种对威胁的反驳并不取决于干涉者的意图或她形成这些意图的原因，后者是使之成为**威胁**而不是警告的特征所在。我们所做的很多事情都可能会使他人的选择境地变坏，而这样的事实并不一定使这些事情成为不可允许的。因此，“一种刺激性的威胁会使接受者的选择境地变坏”的这一事实，本身并不能解释为什么刺激性的威胁是不可允许的。

然而，我们应当更加仔细地考察这些方式，其中刺激性的威胁能够改变其接受者的选择境地。这些方式中的一种与意义有关。通过改变该接受者做 A 和做 B 的理由，A 所附带的惩罚改变了该接受者的选择境地，因为它改变了该接受者做 A 和做 B 的意义。这在非威胁案例中同样如此，非威胁案例中的“惩罚”是自然地附带着 78
的。如果疾风与巨浪会使我到目的地的远航非常危险，那么这不仅会使我不想要这一选择，而且也会改变我的选择所具有的意义。决定换一种方式到达目的地，现在可以被解读为是对危险的一种审慎的回应、是面对危险的一种不得体的退让或是对自己航海技术的一种不自信。

当另一个行为主体旨在影响接受者的行为而附加惩罚时，这种影响就更加显而易见了。以找工作面试中的性骚扰为例，在没有威胁的情况下，接受者可以选择是否与未来的雇主发生性行为。不过，一旦有了威胁，这个应聘者所能决定的就是是否与雇主发生**强迫性的**性行为，后者是截然不同之事。此外，接受该工作的这一选择，现在就涉及要为某个曾经这样对待自己（或试图这样对待自己）的人工作；而拒绝该工作的这一选择，就可以被看作是对个人尊严的维护。更一般地说，无论行为 A 是什么，那种要给接受者做行为 A 附加某种惩罚的威胁，都将“做行为 A”的这一选择变成了“做行为 A 以反抗这种威胁”的选择，同时赋予了行为 B 一种特征，即屈服于干涉者并任其摆布。

如此，刺激性的威胁与警告之间的区别（以及干涉者做事的理由），以某种方式密切相关。对于接受者来说，如果考虑到“遭受某种惩罚才能选择行为 A”的糟糕之处，那么在干涉者威胁说如果接受者做 A 就会对其施加某种惩罚，与像课程安排一例中仅仅是警告说她具备这一有条件的意图之间，就没有什么不同之处。在每个 79
案例中，同样的代价使得做 A 这一备选项变得不那么吸引人了。二者之间的差别在于，干涉者在接受者做 A 时，形成施加惩罚这一意图所根据的理由。刺激性的威胁和警告具有不同的意义，因此也对该接受者的可选行为所具有的意义产生了不同的影响。

某刺激性的威胁所具有的意义及其对被威胁者可选行为的意义所具有的影响，同样也会随干涉者与接受者之间的关系以及该干涉者想要影响该接受者行为的理由而有所变化。受到家长的威胁是一回事，受到老师的威胁则是另一回事；受到自己老板的威胁是一回事，受到同事的威胁则是另一回事。如果干涉者认为是为了接受者自己的好处或是为了促进该干涉者和接受者共同的目标而发出该威胁，如果该威胁仅仅是为了该干涉者的个人收益或仅仅是为了支配权力的快感，那么情况也会有所不同。[22]干涉者的行为在意义上所具有的差异产生了一些不同的方式，其中干涉者与接受者之间的关系受到了该威胁的影响。

刺激性的威胁之结果的意义是可变的，对于这一点的研究同样也适用于某些提议，这些提议与刺激性的威胁类似，只是该“惩罚”从其自身来看是该接受者有理由想要的。如果我去做 B 而不是
80 做 A，那么就会有人给我一大笔钱；这便改变了我的选择所具有的意义。B 本来可能只是我出于利他的理由而去做的事情，而一旦有了这样的提议，那么我去做 B 的理由就变得混杂了；而且，现在做 A 就会失去一大笔钱。这些结果取决于我与该干涉者之间的关系，也取决于该干涉者作出这一提议的理由：如前所述，该提议是来自于父母中的一方还是来自于一个匿名的捐助者，这会产生差异；或者，该干涉者提出这一提议是出于他认为这是为了我好，还是为了促进其它的他/她自己具有的计划，这也会产生差异。

接受者可能会有很好的理由，不同意改变某些行为所具有的意义，这些行为是他们能够选择去做的。因此，他们也有很好的理由来反对他人以这种方式干涉他们的生活。我认为这些基于意义的反驳能够极大地解释威胁所具有的独特的值得反驳之处；而且在某些案例中，这些值得人们反驳的地方非常严重，以至于它们使得某些刺激性的威胁（抑或是提议）成为不可允许的。然而，对其它一些刺激性的威胁的道德反驳——比如我想到的抢劫者所谓的“要钱还

是要命”——似乎要超越这一层面。因此，我们需要更加深入地研究。

一个发出某种刺激性的威胁的人具有两种意图，这两种意图可能是不可允许的。一种意图是，如果该威胁的接受者不服从于威胁，那么就要对其施以惩罚；另一种意图则是，如果该接受者服从于威胁，那么就要从该接受者所做的B当中获益。威胁在此是必要的，因为如果没有该威胁，该接受者就不会做B。我将继续讨论这样一个在我看来是非常合理的假设：如果该威胁是不可允许的，那么对它的反驳就必须基于对这些行为的一个或两个过程的反驳。[23] 81
由于我们是在寻求一些对某种威胁的反驳，这些反驳要超越于那些对受到威胁之行为本身的反驳，那么我们就应当看看行为的第二个过程，它涉及到“强迫”接受者去做某事。

这种思路一开始是大有希望的。在许多案例中，刺激性的威胁显然是不可允许的；干涉者希望接受者去做的事情与某种合作有关，这种互动需要接受者同意。该威胁的预期结果是确保接受者同意去合作；不过我们可能会说，这里的问题是，在有威胁的情况下，这种同意并不能成为我们所要求的那种同意。这在抢劫案例中十分明显。由于抢劫者威胁说要杀了接受者，那么她把钱递过去的这一行为并没有使抢劫者有权得到它。这就是为什么它是抢劫。同样，当一名雇主威胁员工说，如果不和他发生性关系就要解雇她，我们说这是不可允许的，因为这种威胁使预期的性接触并非是两厢情愿的。

然而，并非所有刺激性的威胁都会破坏同意。我的老板可能并不情愿支付给我更多的工资；不过，当我威胁说如果他不这样做我就辞职时，这并非是不可允许的。如果他由于我的这种威胁而给我加薪，那么他对加薪一事的同意则具有合法性的力量。我拿这份钱并非是抢劫。

这一事例让我们想起，影响的意图——这种意图是界定刺激性

威胁的特征——本身并非是不可允许性的标志。它同样支持这样一种假设：某种威胁的不可允许性取决于它是否以某种非法的方式使
82 接受者作出决定。因此，我们需要考虑，一个威胁何时会具有这种结果，以及这是否会取决于该行为主体发出这种威胁的理由。

一种自然而然的意见可能是，如果某个威胁使接受者不自愿地参与了合作，那么这种威胁就具有了不合法的结果。然而，已知惩罚的严厉性，我们也不能将这种“不自愿”仅仅看作是该接受者的意愿被“强迫”了，或看作是这一备选项不具有吸引力。一种威胁并不需要削弱该接受者的理性能力或阻止他/她作出选择，才能使得该干涉者与接受者之间的合作是不可允许的。在大多数情形中，一种不可允许的威胁的接受者仍然可以选择去做什么，他或她仅仅是面临着一种不同的选择。该威胁是否剥夺了接受者默认的同意所具有的许可权力，这并不能仅仅由惩罚的严重程度来决定，也不能仅仅由接受者在做 B 时的不情愿程度来决定。当一个人得交出一大笔钱以避免立即痛苦地死去的时候，他是不情愿的。无论需要这笔钱的人是一个抢劫犯还是一个即将要做一次艰难手术的外科医生，这种不情愿的程度以及他所面对的可选项的不吸引人之处都可能是相同的。

那么，是什么将这些情形区分开来呢？在我看来，一种合理的假设是这样的：只有当行为主体有权作出某个威胁时，该威胁剥夺接受者的同意才是合法的。也就是说，只有当接受者不服从威胁，而该行为主体可以实施所威胁的惩罚时，以上才成立。这种假设似乎解释了我们迄今所考虑的那些案例。抢劫者的威胁——要钱还是
83 要命——使接下来的交易并非是两厢情愿的，因为如果被抢的人不交出钱财，该抢劫者也没有权利杀死他。如果那名外科医生因为没有得到她所要求的报酬而有权拒绝做手术，那么那名外科医生要求报酬**就是**合法的，而该病人也是自愿付酬的。同样，我说不给我加薪就辞职这样的威胁也是可允许的，而且我老板的默许也是经过同

意的，因为如果不给我加薪，我辞职是可允许的。

这种解释这些案例的方式使得某种行为过程的可允许性（在这种行为过程中，接受者服从于威胁），因此也使该威胁本身的可允许性，取决于这样一种行为过程：在该行为中，如果威胁的接受者拒绝被威胁，那么行为主体可以施以惩戒。因此，只要实施该威胁的可允许性取决于行为主体的理由，那么该威胁的可允许性也就取决于行为者的这些理由。

在我所考察的这些案例中，情况似乎并非如此。在这些案例中，重要的是作出威胁的人是否有足够的理由来证明自己这样做的正当性，而不在于那些促使他们这样去做的理由。例如，如果我的薪酬过低，而且我所要求的涨幅是合情合理的，那么我因为没有得到加薪而辞职就是正当的，即使我辞职的真正理由是为了激怒我的老板。然而，在性骚扰案例当中，事情并非如此显而易见。

我为威胁之可允许性所考虑的解释可能会暗示：只有当雇主不能由于员工不服从他的威胁而解雇员工时，雇主说“如果某员工要是拒绝与他发生性关系，他就解雇这名员工”，才是不可允许的；而且接下来的合作也并非是两厢情愿的。然而，假设公司经营惨淡，雇主不得不裁员，而且在解雇这个或那个员工的时候并没有什 84
么与生意相关的理由，那么他解雇多名员工中的任何一个人——包括那名被我们所讨论的员工——都是正当的。如果是这样，那么就意味着，如果她不服从于该雇主的要求，该雇主解雇她也是可允许的。为了说明情况并非如此，也为了支持那种认为他的威胁是不可允许的结论，我们就必须将“**如果**她不服从他的威胁，解雇她就是可允许的”这句话的意思看作是“**因为**她不服从于他的威胁，所以解雇她是可允许的”，并且主张这种行为是不可允许的。这就会使该威胁的可允许性取决于行为者这样做的理由，而不是取决于他这样做是否有正当的理由。

性的参与更加强化了这个案例；不过，如果我们假设该雇主想要的是钱（亦即贿赂）或是要求该员工帮他洗车、剪草坪或为他的私人事务跑腿等，那么它们便具有相同的结构。这些例子属于一个更广泛的、人们称之为“特权的滥用”的案例。它们的共同结构是这样的：处于某个位置的个体有很好的理由有权去给予或扣留那些对他人而言至关重要的物品或机会。然而，如果这种特权不受限制——如果这些个体可以基于任何理由来给予或扣留这些物品和机会，那么这就会赋予他们一种令人无法接受的、对他人的控制。

因此，这种自行决断的自由必须受到限制。如果我们通过具体分析行为主体给予或扣留这些物品的理由来界定这种限制，那么这既可以肯定地完成，也可以否定地完成。肯定的策略会陈述一些理
85 由，根据这些理由，扣留所讨论的这些物品是可允许的；这些理由来自于一些事例，这些事例首先赋予行为者能够自行决断这些物品的控制力。例如，我们可能会因此规定，雇主只能是出于与相关企业的发展有关的理由才能解雇员工。然而，正如性骚扰案例所体现的，这些理由可能是不确定的。如果当这些理由是模糊不定时，解雇**某人**是可允许的，但某些这样的解雇又是不允许的，那么可允许的解雇与不可允许的解雇之间的区别就必须通过其它的方式来确定。因此，我们可能会转向否定的策略，并规定：雇主不能基于某种理由（如某些私人性利益的理由），解雇某个人而非另一个人。这似乎包含了那些贿赂、性取悦等其它服务的要求。然而，这种界定不正当理由的方式似乎太过广泛。例如，一个雇主解雇某个员工而非另一个员工，因为他发现后者更加具有吸引力，这是否是可允许的呢？

为了回答这一问题，我们需要从该雇主的角度来看待这件事，并且询问，我们是否能够将在某种方式上“吸引人的”或“令人惬意的”合理地看作是员工受聘的一种条件。这使得那种更具一般性

的结论非常明显：尽管我们可以通过规定行为者可以做或不可以做的理由，来划分可允许的和不可允许的对重要物品的自行控制（因此也划分了可允许的和不可允许的扣留这些物品的威胁）；但是，可允许的理由和不可允许的理由之间所具有的差别却有着一种更深层次的解释。道德上根本性的东西，并不在于一种理由——行为者 86
基于这种理由去行为本来就是不合法的；而在于受害者的那些合理的主张——这些行为者所具有的给予或扣留重要物品的自行决断力，不应当被如此宽泛地界定，以至他们无可辩驳地要受到行为者的控制。

当然，什么算作“无可辩驳”的控制取决于那些准许这种自行决断权力的理由，也取决于其他人想要限制这些权力的理由。我一直在以雇用的决定为例，因为在这些案例中，我们很容易甄别那些支持相应权力的理由——这里所说的“容易”是指，那些证明雇主之自行决断力的、关于效率的考量，并没有过分宽泛地界定这些权力，以至能允许雇主可以基于任何理由而解雇工人。再者（这是至关重要的），那些被宽泛界定以至能够被用来向雇员索要钱财或其它好处的权力，会难以接受地使员工易于受到雇主的控制。[24]我认为这种分析普遍化了，它超越了雇用案例并包括了更为广泛的威胁，后者被我称为“特权的滥用”。只有当发出威胁的人有权根据接受者不服从威胁或服从于威胁而施加惩罚或不加以惩罚时，这种威胁才是可允许的。

综上所述：一个行为是否为威胁，取决于行为者的意图以及他形成这些意图的理由。某个行为是一种威胁的这个事实，对其意义构成了影响；并且一个威胁也影响了其接受者所可能选择去做的行为的意义。（相关的提议也可能会具有相同的结果。）这些意义上的 87
差别捕获了各种威胁在道德上的特点。然而，一般说来，某个威胁的可允许性取决于该行为主体是否有权施加我们所讨论的惩罚。很自然，我们能根据行为者所依据理由的不合法性来区分不可允许的威胁。然而，这些理由的不合法性是由那些想要摆脱某种控制、某种威胁的受害者来解释的。

结　论

第一章有两个积极的理论目标：介绍两种使用道德原则的方式之间的差别和清晰说明可允许性的观念。在涉及目的时，其目的主要是消极性的：通过解释消除这样一种观念——行为主体的行为目的与某个行为的可允许性，以双重效应所主张的那种方式密切相关。在本章中，我的目的则更为积极：为了甄别和解释那些能够把行为者的行为理由与其行为之可允许性联系起来的方式。我已经甄别出两种主要的、能够如此联系的方式。第一，某行为主体的理由作为预期行为过程之可能性结果的决定因素，具有预期性的意义。第二，行为主体的行为理由会影响到我所说的行为的意义，而且在某些情形中，一个行为的意义能够影响其可允许性。（表达性和预期性情形即为此例，但不仅仅限于这二者。）

本章的主要理论目的在于引入并解释一个行为的可允许性与
88 该行为的意义之间的差别，这个差别在后面的章节中会至关重要。可能有人会质疑，一个行为的意义与它在道德上的可允许性之间是否能够像我所主张的那样泾渭分明。道德不仅仅告诉我们以某些方式待人，如不要伤害他人等；它还给予我们一些这样去做的理由。例如，它告诉我们，他人的利益很重要，因此我们应当将这些利益看作是条件性的理由。基于此，那些对其他理性存在的利益漠不关心之人便要受到道德上的批评，无论他们是否以某种行为而给他人带来伤害或没有给他人提供应有的帮助。那么，为什么可允许性问题并不适用于一些理由（基于这些理由，行为主体也是为了某行为的预期结果而行为的）呢？对此我所给出的答案是：可允许性问题仅仅与行为主体可以选择的那些备选项有关。

因此，由于我们无法选择哪一种（终极性的）理由来支持我们的行为，那么一个“出于错误的理由，却做了正当之事”的人，很可能是在做某些可允许的事情，尽管他在其它方面可能会受到道德上的批评。

第三章　手段与目的

89 “必须把理性的行为主体当作目的本身，而不能仅仅当作手段。”——这一广为人知的康德式准则似乎表达出了一种至关重要的道德真理。不过，我们并不清楚要怎样理解这一具有吸引力的准则。“将某人当作一种目的”、“将某人仅仅当作一种手段”、“利用某人”等短语，可以被用来援引很多截然不同的、带有明显道德力量的观念。我在本章当中的一个目标就是要甄别这些观念，并对它们的道德重要性进行评价。

本章的第二个目标则更具理论性，并延续了前面几章的主题。基于任何一种合理的解释，当我以某种方式对待某人时，我是把他仅仅当作工具还是把他当作一种目的，这至少部分地取决于那些被我看作是支配我的行为的各种理由。因此，如果有些时候某些行为
90 由于涉及将某人仅仅当作是手段，而是不可允许的，那么这些行为的可允许性就取决于该行为主体的各种理由。为了完成在前几章开始的研究，我需要考虑，“将某人当作目的本身而不仅仅是手段”这一观念，是以何种方式成为判断该行为之可允许性的一个标准的，并且当它被看作是这样一个标准时，它是否使某行为的可允许性取决于行为者用以支持自己行为的各种理由？

康德认为，总是将理性存在当作目的本身而非仅仅当作手段加以对待的这一指令，是确立根本性的、作为我们所有道德义务之基础的道德原则的一种途径。然而，很多人（未必是康德主义者）在

描述某种错误时，都会认为“将某人仅仅当作一种手段”这一观念是值得反驳的。“你只是在**利用**我!”的这一控诉，具有某种特别的道德力量，而且它似乎适合于回应某些错误，而不适合回应另外一些错误。例如，以下案例中的就并非是一种恰当的控诉：假如一个陌生人对我处于即将被淹死的危险境地熟视无睹，他本可以拉下操作杆启动急救措施从而很容易地救我一命，但他却转过身去继续沿着海边漫步；当我目睹这一切时，我并不能恰当地用上述控诉来批评他。他可能错误地对待了我，但他并没有在任何一种通常的意义上利用我。

在其它一些案例中，某人被“利用”或被“仅仅当作一种手段”的这个事实，似乎可以解释为什么某行为是错误的。例如，假设我误导你相信，加入我的某项生意对你我都有好处（我很清楚这是假的），而使你加入。那么，在这个案例中，说我“利用”你、“把你仅仅当作一种手段”似乎是合适的；另外，这似乎也解释了 91
为什么我这样对你是错误的。

将某人仅仅当作手段的错误似乎也能够解释，为什么把一个人扔到桥下去阻止一辆原本会撞死五个人的脱轨电车是错误的，而将电车拐到另外一条会撞死一个人的轨道上则不是错误的。可能人们会说，前一种行为而非后一种行为将那个人当作了手段；因为只有在前一种案例中，对那个人所造成的伤害对于行为者的计划而言必不可少。这可以被看作是划分这两种案例之重要道德差别的标志。

本章的前面两个部分将致力于考察那种把人当作目的本身、把人当作道德正当性之普遍特征的观念。我将会考察我们该怎样充分理解这种观念，也要考察它是否使某行为的可允许性取决于该行为主体做它的各种理由。在接下来的各部分当中，我将会考察，一种仅仅利用某人或把某人仅仅当作一种手段的特定观念是不是能够解释为什么某些具体行为（如我已经提到的那些案例中的行为）是错误的。

将某人当作目的：各种备选的解释

我们该如何理解将某人当作目的本身的这一观念及其与将某人仅仅当作一种手段之间的对比呢？一种可能性是：手段仅仅因其能够对其它目的有益才具有价值。然而，“有用性”这一观念却可能
92 被过度地限制了。一种更基本的对比在于衍生性价值和非衍生性价值之间，此时因产生某种目的而有用仅仅具有衍生性的价值。因此，稍作推广，我们可以说，将某物仅仅当作手段，也就是将它看作是没有价值的，除了可能被其它价值赋予的价值之外；而将某物本身当作目的，也就是将它看作是具有价值的，而这种价值并非是从任何其它的源头衍生而来的。

这里，“价值”的观念稍微有些误导性，因为它可能暗示着某物，这种事物“要被促进”，并使其它事物具有价值，因为它们有助于促进该事物。我认为这是一个过于狭隘的价值概念。[1]不过既然它是一个影响着我们思维的概念，那么重申一下我刚才所作的区分是有益的，也就是用作为各种原因的源头来代替价值这个观念。这会产生下面这个公式：将某物当作目的本身，就是将其当作是一种非衍生性的理由之源；将某物仅仅当作一种手段，就是将其当作是仅仅衍生性地给我们提供各种理由的事物——也就是说，这些理由是由其它事物所提供的。

这一公式让我们更好地理解康德心中的想法。当康德说，我们都将自身的理性本质当作目的本身时，他的意思并不仅仅是说，我们把它看作是我们有理由去保存和促进的东西。他确实意指这一点，但他同样意指，我们认为自己有能力通过选择某些东西作为我们的目的，而有理由去促进其它事物。[2]如果价值主要被理解为我们有理由去追求的某物，那么上述观念在“作为一种价值”这个术语中就并没有得到很好的表述。我们有理由去促进一个理性存在所

选择的各种目的，这并不是因为这样做是促进或保存该理性存在本 93
身的一种方式。因此，我们可以从“一个目的就是某个我们有理由去促进的东西”的这种观念，转向“一个目的就是一种非衍生性的理由之源”的这种观念，以此来更好地理解康德的“理性存在本身即为目的”的这一观念。

我们似乎能够合理地说，在选择某物作为目的时，我们给予某物一种状态，这种状态提供了一些理由来做那些能够促进它的事情，因而也就会产生我们之前所没有的各种理由。然而，我认为，如果这是真实的，那么它仅仅是在非常有限的程度上是真实的，这种程度远远要低于康德和诸多康德主义者所暗示的。将某物看作是某人的目的，就是将它看作是某人有理由去促进的东西。不过，这并不能推论说，将某物看作是某人的目的，就是将其看作是某人有理由去促进的东西，**因为**它是此人的目的。我认为在大多数情况下这是不真实的。[3]我们不得不去促进我们各种目的的理由只是一些特征，这些特征给我们提供理由以首先使之成为一种目的。

通过将某物看作是我们的目的，我们给予自己一种新的理由以追求之。这种观念在人们所谓的“平分决胜”（tie-breaking）的情况中，具有很大的合理性。假设我有很好的理由去采纳诸多目标中的任何一种，但不超过其中的一种（可能是因为我不可能在同一时刻有效地追求它们）。如果我采纳了这些目标中的一种，那么似乎我有理由去做一些能够促进它的事情；在这种情形中我没有理由去做那些将会促进其它备选目标的事情，而这些备选目标在我作决定之前是同样符合备选资格的。我认为，即使在这种特殊情形下，将
我所处的实际境地的改变看作是理性意志通过采纳各种目的而制造 94
理由的能力也是错误的。不过我不会在此深究这个问题。[4]

然而，即使选择某物作为我们的目的也并不能产生新的理由来促进它，但它确实在其它方面改变了事情。首先，它可以成功地实现该目的，并对我们的幸福有益。其次，正如我已经说过的，它使

我们（只要我们不是非理性的）必须将某物看作是产生理由的。如果某物是我们的目的，那么我们就必须（只要我们不是非理性的）将自己看作是有理由去做那些能够促进该目的的事情。不过，这并不能推论出我们在实际上**拥有**做那些事情的理由。我们是否去做，这取决于我们是否有理由首先拥有该目的。如果该目的是十分愚蠢的，那么我们有理由去做的事就是摒弃该目的。

我认为康德将以下观念看作是一种非常有把握的前提：我们都将自身的理性本质看作是有能力将一种给予理由的状态附加给我们的目的。他想要从这一前提推论出一个更具争议性的结论：我们必须也将他人看作是具有这种能力的，因为他们以这种方式看待自己："基于同样的基础，这对我而言是理性的。"[5]然而，事实上，这一论证的结论要比前提更具合理性。我们可以更加合理地说，某物是**他人**的目的这个事实能够产生一种原因，从而使我们去促进它或至少不干涉它；而当它是我们自己的目的的时候，我们却不能这样合理地说。的确，我认为，当这一主张与我们自己的目的相关时，它通常是错误的；然而，当它是与他人的目的相关的主张时，我们却至少可以讨论一些东西。

95 在这种情形下，我们之所以可以说点什么的理由在于当他们使某物成为自己的目的时，他们也就使之成为自己幸福的一部分而成功地实现了它。因此，只要我们有理由关心他们的幸福，那么这便给我们提供了一种理由来关心他们使某物成为自己的目的（的这一行为），且这种理由超越于我们可能拥有的其它理由。不过，对幸福的关心并非是唯一起作用的因素。即使我们评判说一个人的目的并不值得去追求，他如果抛弃该目的会更好；但是，出于对他作为一个人掌管自己生活之自由意志的尊重，这**是**他的目的的这个事实可以给我们理由帮助他去追求它，或至少给我们理由不阻碍他去追求它。

可能有人会主张，这些因素在我们自己的情形中也会起作用；不过，如果是真的，那么与人际关系的情形相比较而言，这种真实也只是一种更加有限的真实性。当我们选择将某物作为我们的目的时，我们是否产生出一种新的理由来实现它呢？亦即要是我们实现了它，我们是否就会拥有一种更加成功的人生呢？也许是的，不过在我看来，这是一种更加特殊的、自恋的理由。[6]在任何事件中，这都不是康德心目中所拥有的那种根本性的理由。

一般看来，它也不是我们出自对自己自由意志的尊重，而追求自己所采纳目的的理由。有这样一些案例，其中类似的东西可能看起来是真实的。假设我有很好的理由认为，多年以后，我会接受一些现在被我看作是愚蠢的目的。那么，似乎“这些将成为我的目的”的这个事实本身，现在就能够给我理由去采取措施以帮助我在晚年追求这些目的；或者至少给我理由让我现在不去做一些阻碍我 96
晚年追求它们的事情。不过，于我而言，这会达到何种程度却并不明确。明确的是，在它所达到的程度上，它都反映出跨时段计划所具有的一些特殊特征。在生活中，人们可能会有很好的理由使某些未来的决定服从于当下的判断。不过，这取决于所讨论的是何种判断，以及作出该判断的人当时所具备的能力。当这些延缓的理由成立时，它们就与此人对各种目的的实质性优点的判断形成了有力的对抗。不过，这些理由来自于所讨论的特殊情境。这些案例所反映出的这一点并非在每一种情形中都是真实的，即通过接纳某种目的，我们产生了某个理由来追求它。

还有其它一些理由，让我们不把目的本身和通过选择某物当作目的而给其它事物附加积极价值联系起来。当我们考虑“将诸多不同的理性存在当作目的本身”所涉及的内容时，这些理由就出现了。当我们必须在保存某些理性存在（或促进他们的目的），与保存其他理性存在（或促进他们的目的）这两者之间作出选择时，我们该如何决定呢？

如果“理性存在本身即为目的”仅仅意味着，我们拥有非衍生性的理由去保存他们并有理由去促进他们的目的，那么这一观念似

乎并没有限制，我们可以牺牲哪些理性存在以保存其他的理性存在、可以牺牲哪些目的以促进其它的目的。这是结果主义学说的一
97 种最大化，许多人都在试图通过诉诸“我们必须将他人当作目的本身而不仅仅是手段”这一观念，以避免这种结果主义学说。这似乎与康德所想的相去甚远。

因此，如果这种观念要为结果主义的观点提供某种备选项，那么我们就要多讨论一下，在我们自身中，那些使我们自身成为目的而非手段的到底是什么。一种可能性是从那种认为理性存在有能力通过选择某些事物作为目的而赋予它们以正面价值的观念，转向另一种将理性存在看作是能够**定立法则**（之主体）的观念。当我们在促进某些理性存在的目的与促进他人的目的之间存在冲突时，以上观念的转变会对我们追求的方式具有某种暗示意味。如果理性存在仅仅有能力产生各种理由，以通过选择各种事物作为自己的目的而追求他们，那么在这些冲突的情形中，我们似乎只是应当在各种理由之间进行权衡。然而，如果将理性存在作为目的本身而加以尊重，就是将他们当作立法者——立法者必须能够授权我们的行为——而加以尊重，那么我们应当做的就是询问，他们会或者能够定立什么样的原则以解决这些情况。

我将这看作是一种转变，不过对于康德而言（至少基于一种合理的解释），这并不意味着任何改变。对于康德而言，基于这种解释，给各种目的赋予价值的这种能力已经被理解为一种定立法则的能力：当我选择目的的时候，我必须将自己看作是在为自己和他人定立一种法则，这种法则与什么能够算作一个理由相关。无论这是否合理地阐释了康德所说的，我都没有在其中找到一种非常合理的观点。可以这么说，接纳一种目的就是将其作为一个人的待作之事的目标。
98 我们可以将这描述为接纳了一种要去做的计划或策略，而这反过来又可以被更加宏大地描述为“给自己定立法则”。然而，恰如我所说的，一个人并不需要将采纳一种目的看作是制造出一种

理由以追求它。我必须将之视为我要做我已经决定去做之事的各种理由，是那些被我看作是支持我决定去做这件事的各种理由。可能其他人有理由不干涉我的各种计划，这仅仅因为它们是我的计划。不过，这并不意味着，仅仅因为我在采纳该目的时候将我看作是自己在做这件事，我就应该认为他人有理由不干涉我的计划。

因此，我并不认为，作为理性主体，我们必须认为自己和他人能够确立什么可以算作理由、什么不可以算作理由。不过，“我们应当仅仅以他人都不能合理地反对的方式而行为”的这种观念，在我看来确实是一种非常具有吸引力的道德观念，而且我也认为它在我们的道德思维中起着根本性的作用。我们可以以不同的方式来解读这一观念。康德写到，人们应当仅仅基于同时可以成为普遍法则的准则而行动。我认为这意味着，你就应当基于某个准则而行动，只要你能够同时命令说，任何一个倾向于如此行为的人都应当被允许这样去做。德里克·帕菲特建议说，它意味着，我们应当基于一些人人都能够理性地将其命令为普遍法则的原则去行动。[7]我提议了一个相关的观念，即只有当没有人能够合理地反驳那个允许各种行为的原则时，这些行为才是正当的。[8]此处我不会探讨这些公式及其相关优点之间的差别。很自然，我更偏向于我自己的契约论准则，而且在接下来的内容中我会主要依赖于它；不过，这些公式之间的差别并不重要。

可允许性和意义

以上我所提及的各种公式，以一种高度抽象的方式突出了可允许之行为与不可允许之行为之间的区别。例如，我的契约论准则认为，如果任何允许某行为的原则能够被某个人合理地拒绝，那么该行为就是不可允许的。“我们应当按照那种将理性存在当作目的本身去行为”的这种观念，同样可以被解读为：它是在告诉我们，如 99

果行为与“理性存在本身即为目的”这种观念相冲突，那么这些行为就是不可允许的。然而，我们也能以不同的方式来解读“将某人当作目的本身而加以**对待**”这一观念。基于这种解读方式，只有当我认为她是目的本身的这个事实给我理由以某种方式而非另一些方式对待她的时候，我才是将她当作目的本身。

当我们以第二种方式解读的时候，康德的公式就并非是可允许性的一种标准，因为有很多方式并没有达到这一点，而这些方式并没有做任何不可允许之事。其中一例就是帕菲特所说的歹徒买晨醒咖啡之事。[9]帕菲特假设，这个歹徒并没有将卖咖啡的人本身当作一种目的，也不认为他具有某种道德重要性。如果杀了他能够达到自己的目的，这名歹徒会毫不犹豫地去做。然而，不管是因为他喜欢跟这个卖咖啡的人打交道，还是因为他不想惹麻烦，在他买晨醒咖啡的时候，他对那个卖咖啡的人很好且相当礼貌。从我刚刚描述的第二种意义上来看，这个歹徒并没有将卖咖啡的人当作目的本身，而是仅仅把他当作一种手段。不过，他所做的却并非是不可允许的。

这并不是说，这个歹徒抑或他的行为在道德上并没有什么值得
100 反驳之处。不过，此处恰当的负面道德评价与他的行为的**意义**有关，而与该行为的可允许性无关。正如我在前面几章所论述的，一个行为的意义——其对于行为主体与他人的关系而言所具有的意义——以某种方式取决于该行为主体做它的理由，而该行为的可允许性通常并非如此。例如，一个可允许的行为可能具有许多不同的意义——可能意指着有关行为者和他人之间关系的截然不同的东西，这都取决于该行为者如此行为的各种理由。该行为者可能会认为，他人拥有权利，并认真地对待他们；或者，如帕菲特所说的歹徒一样，他可能认为他人分文不值，但也没有理由在此特定情形下虐待此人。

“将他人当作目的本身”这一指令，与其它任何一个将某些考

量当作理由的指令一样，都可以从以下两个方面来加以理解。一是将其当作一种主张，该主张与这些理由是什么有关——在这种情形中，也就是与可允许性相关的主张；一是将其当作一种指令，该指令与具有什么样的态度有关——在这种情形中，就是关于该行为主体将什么看作是理由以使得该行为具有特定意义的主张，也就是表明那种在道德上对待他人的最佳态度。令人丝毫不感到奇怪的是，区分对与错的那种一般性描述也应当适用于这种双重解释。我的契约论准则尤其旨在解释：一个行为需要什么样的理由才是可允许的。不过它在这样做的同时也明确了一些理由，这些理由会使一个有道德的人避免去做那些在她看来是不可允许的行为。

在康德那里，这种双重性一点儿也不令人惊讶，因为“道德价
值”是他道德哲学的一个核心观念。康德认为，一个行为要具有道 101
德价值，就不仅仅要“符合义务”（也就是可允许的），它还必须“出于义务”[10]。因此，康德所说的道德价值与我所说的意义是相似的，因为它依赖于某行为之所以被执行的理由。从这方面来看，道德价值和意义属于同一种道德评价。

如果考虑到绝对命令的各种公式与行为准则有关，那么对行为主体所采纳的理由的关注，似乎已经隐含在康德的“符合义务”的行为观念当中。既然准则与行为的理由有关，那么似乎可以推论说：只要这些准则是可允许性的条件，那么它们就使某行为的可允许性取决于行为主体的理由。

不过，这里存在着我刚刚所说的那种模棱两可性。某行为主体的准则表征出该行为主体作出某行为的理由。不过，我们也可以把一个准则看作是表达了一种判断（一种策略），以考察这些理由是否为某行为提供了充分的基础。因此，我们可以从这两个方面来理解一个基于某个准则的行为指令（能做或不能做某行为）。我们可以将其理解为一种关于理由的判断——关于该准则对与错的判断，理解为一种认为某些理由足以支撑该行为的主张——因此，也就是

关于这种行为之可允许性的判断。此外，我们也可以将其理解为对某行为的意义的评估（该行为基于那些理由），理解为一项许可这些行为的指令（仅当这些行为具有某种意义时）。我们很自然地会
102 在前一种意义上来理解绝对命令，尤其是它的可普遍化法则。当我们这样来理解的时候，询问我们能否希望人人都按照某种准则而行动（也就是说，他们可能会将某些理由看作是某种行为的充分理由），就是在考察这些理由是否充分。然而，基于康德对道德价值的兴趣，毫不奇怪还有另外一种方式将他的公式理解为一种主张（这种主张与出于某些原因而行动的重要性有关）。因此，也就是将其理解为一种与我所说的意义有关的主张。在“将人看作目的本身”和目的王国这些公式的措辞当中，可能更加强烈地体现了（尽管不是“要求了”）这后一种理解。

尽管康德的道德价值观念与我所说的某行为的意义有着共同之处，但它们之间也有着重要的差别。对康德而言，说一个行为具有道德价值，也就是说它反映出该行为主体之意志的独特性；这种独特性在于，该意志对义务（道德法则）的回应不依赖于任何倾向。要弄明白这是如何与我所说的某行为的意义相联系的，我们需要考察几个康德本人所讨论的例子。

让我们来想象一个人牺牲了自己的利益去帮助他人。他这样做可能是出于诸多不同的理由。他可能是因为自己的一贯目标就是在力所能及的时候为他人（不仅仅是自己所喜欢的人）提供帮助；也或者是，他将帮助他人看作是一种义务、一种在道德上他需要去做的事情，而不仅仅是他碰巧所具有的目的。他所采取的用以支持自
103 己行为的理由（或理由的组合）不同，他的行为的意义也就会有所不同。如果受助者将这个人看作是自己的朋友，那么这种帮助是出于前面所说的第一种原因，这会赋予该行为一种特殊的意义，也就是友谊的表达。然而，如果这位假想的朋友找不到这样的理由来帮助，那么他的理由也同样会赋予该行为一种特殊意义，也就是给这

段友谊的真实性打上了问号，即使他是出于其它的一种或两种理由而帮助了这个人。

如果某人急需帮助，而某行为主体认为这并不能引申出我所说的第三种理由（亦即没有要求帮助的道德主张），那么这个事实表征出了一些重要的信息，这些信息与该行为主体对待他人的态度有关，也与他和他们之间的关系有关。例如，如果一个人对他人的帮助仅仅是出于一种个人的追求，而丝毫不是由于他认为他们有资格获得这种帮助，也不是由于他认为自己在道德上应该去帮助他们，那么这些人之间的关系就缺了点什么。朋友之间这样就太过淡漠了。当我们急需帮助的时候，我们希望自己的朋友不仅仅是出于义务，更是出于认为我们有资格获得他们（或他人）的帮助而对我们伸出援手。

“如果一个人没有将别人的需要看作是某种对他的道德要求，那么即使他出于同情或喜爱而帮助了他人，他在道德上也是不足的。”——这种观点似乎表达出了康德学说背后的那种直觉性的道德观念，即只有当一个行为是出于义务时，它才具有道德价值。人们有时候认为康德会持有这样一种观点，即只有当出于义务的动机是促使行为主体行动的唯一因素时，该行为才具有道德价值。不过，我们并不需要如此狭隘地去理解他。正如我在上一章所论 104
述的，一个行为主体可能会将很多因素看作是支持自己某行为的理由，那么在这个时候，“他这个行为的理由是什么”的这个问题可能就没有答案。芭芭拉·赫尔曼（Barbara Herman）认为，当一个主体将诸多因素看作是自己行为的理由时，如果该行为是出于义务，且他将这种“被义务所要求的”事实看作这样做的决定性因素，那么我们应当将其看作是具有康德所说的那种道德价值的。[11]

因此，可能康德会与我一致认为，一个行为者是否将道德理由看作是其行为的决定性因素是很重要的，而无论他是不是受到其它因素的驱动。康德与我之间的区别则在于我们所讨论的那种重要性。在我看来，这里所说的重要性是某行为的意义，它体现出该行为者与他人之间的关系。如果我们的朋友仅仅是出于喜爱或仅仅是出于义务抑或是兼而有之而帮助我们，那么我们与这个朋友之间的关系——即我们对他的期望、我们之间互动的意义——是有所不同的。同样，一个陌生人可能会由于认为我们需要帮助并且我们有资格获得他人力所能及的帮助而去帮助我们；他也有可能是因为感到无聊而将我们的困境看作是一种技术上的挑战才去帮助我们。我们之间互动的意义以及这种互动所表明的我们之间的关系，依赖于究竟哪一个才是他帮助我的理由。

康德承认，友谊既包括受到爱的驱使，也包括受到尊重——受义务的驱使。[12]然而，他赋予“受义务所驱使”的意义，并不仅仅在于对我们与他人之间关系而言所具有的意义。他在《道德形而上学原理》(*Groundwork*)一书的开头作了如下著名的论述：“在世界
105 之中甚至在世界之外，除了善良意志之外，我们根本不可能设想出一个不附加任何条件的善的东西”，这表达出了一种更加非个人化的价值。[13]同样，在《实践理性批判》(*Critique of Practical Reason*)一书中，他认为，纯粹实践理性的动机“就是纯粹道德法则本身，它让我们感知到自身超验存在的崇高性，并从主观上引发人们尊敬其对人的更高感召，这些人能够意识到自己的经验存在以及随之而来的对于易受影响之本性的依赖”[14]。他接着在动机与“生命的魅力和快乐”之间作了对比，后者与道德行为有关；我认为这包括与他人的关系，这种关系是至关重要的。

让我们来总结一些这部分的论证，“我们应当将所有的理性存在当作目的本身”这句话，应当被合理地理解为道德可允许性的一般性描述。然而，一旦被这样理解，它本身就并不会使某行为的可允许性依赖于该行为主体如此行为的理由。(似乎只有当我们将其作为可允许性的一般性标准，误解为其作为道德动机之特定形式的

描述时，它才会使某行为的可允许性依赖于该行为主体如此行为的理由。）不过这一结论并没有排除这样一种可能性：在某些特殊的情境中，某行为的可允许性可能会依赖于该行为主体这样做的理由——例如这样一种可能性，某些不能被合理地拒绝的原则，可能会排除一些出于特定理由的行为。我在前面章节中考察了这种可能性，并将在接下来的内容中作进一步的考察。

将某人仅仅当作一种手段

为了讨论，我作如下界定：如果一个行为没有符合我在本章第一部分所讨论的准则，如我的契约论准则或康德的某个准则，那么该行为就没有将某人当作目的本身。此界定暂且忽略这二者之间的区别。人们可能会将“将某人仅仅当作一种手段”简单地理解为没有将此人当作目的。而我在本节的目的是要考察这样一种观念，即有些行为可能是错误的（可能没有符合这些准则），**这是因为**它们在某些更加具体的意义上将某人仅仅当作一种手段。那么，这种具体的意义会是什么呢？ *106*

“你只是在利用我！”的这一控诉，似乎确实表明了一种明显的错误。在我有义务去帮助某人的时候我却没有这样做，这并不能推断出我是在**利用**他们。下列情形也是如此：如果我出于某些目的炸死了某人，或使我的矿井发生化学泄漏而使他的井中毒。如果我们在这些情形中将某人仅仅当作手段，那么这只是在广泛的意义上来说没有把他们当作目的本身。

那么，什么是在狭义的意义上利用某人呢？一般认为，我要“仅仅是在利用”某人，那么我就必须要正在利用他。因此，这就要求他的在场或参与必须对我的行为起到一定的作用。我刚刚提到的各种错误（没有帮助某人或鲁莽地使我邻居的性命受到威胁），都不是利用某人或将某人当作手段的案例，因为在这些案例中，受

107 害者们被我的行为所牵连或影响的方式，对实现我的目的而言没有任何影响。

然而，“某人的参与或对他的某些影响，对于我所要实现的目标而言必不可少”（或者说这个人在普通意义上是一种手段）的这一事实，并不足以使我的行为在道德上是值得反驳的，更别说是不可允许的了。如果它是充分条件，那么任何合作性的活动都将是不可允许的。因此，如果“将某人**仅仅**当作一种手段”要成为某些行为之所以错误的原因，它就必须还要涉及一些其它的因素。一种自然而然的建议是：没有征得某人的同意，就将某人当作一种手段（或者说追求某种目的时依赖于某人的在场或参与），这是值得令人反驳的。我们可以这样对待工具，却不能这样对待人——人不能被仅仅当作手段。

克里斯汀·考斯卡德（Christine Korsgaard）便阐述了这样一种观点。在她看来，当我们以一种“他不可能同意”的方式去对待某人时，我们便是将此人仅仅当作一种手段。[15] 如果这样理解，那么说他“不可能同意”，就是意味着他不可能理性地命令一个原则以允许自己被这样对待（或是按我的说法，他可能会理性地拒绝任何一个这样的原则）。这仅仅意味着，他是在之前所说的那种意义上没有被当作目的本身，这可能是考斯卡德心里所想的。不过，我们这里所要追寻的是一种更加具体的“将某人当作一种手段”的观念，它将解释**为什么**某人不会命令（或是在理性上会拒绝）某个允许特定行为的原则。考斯卡德接着给出了一些事例，它们给出了一种更加具体的、能够起到这种作用的反驳。
108

在她看来，如果我们的行为准则不能获得他/她的同意，那么我们就是将某人仅仅当作一种手段。她给出了欺骗与强迫的例子。在这两种案例中，行为主体的目的都是要规避某人的意志，亦即避免使行为主体所希望的合作依赖于此人的赞同，因为该行为主体知道此人是不会同意的。因此，正是受害者所陷入的欺骗和强迫的本质，使他不可能赞同或是有效地拒绝赞同行为主体的行为。这似乎捕捉到一种强有力的对某些行为的反驳。正如我要说的，我们有很好的理由反对自己的意志被如此蒙昧（subversion），而这也解释了为什么我们可以合理地拒斥那些允许这类行为的原则。[16]然而，这种观念存在诸多问题。

其中一个问题就是，并非所有依赖于某人同意与否的行为计划都是错误的。我会说，存在着可允许的欺骗，甚至存在可允许的强迫。对被强迫者而言，最合理的涉及错误行为或具有错误行为之可能性的那些案例，是那些被迫者存在严重的理性能力缺陷的案例（例如，当某个人正处于精神错乱的发病期时，用强力限制他就是可允许的）。我们可能会将这些案例归为特殊案例，其中为某些正常的禁令留有余地。这一点也可以用来论证可允许性欺骗的案例。因此，人们可能会说，只有在这些特殊案例中，强迫和欺骗才是可 109
允许的。[17]

然而，在我看来，有一些案例明显属于正常的道德范畴，它们涉及考斯卡德的"意志的蒙昧"，但却并非是错误的。例如，假设A正准备去巴黎参加一个会议。他知道如果B得知自己要去，B也会去参加这个会议（假设B有权利这样做）。而B去参加会议将会使A的整个旅程毫无乐趣和收获，所以A小心翼翼地没有告诉B他将要去巴黎参加会议。他没有对B撒谎，而只是很小心地没有透露任何信息，也没有做任何可能会让B知道他即将要去巴黎开会的事情。这是否算作是一个欺骗的案例呢？显而易见，在这个案例中，对B的意志进行蒙昧是A的一种重要的策略。A知道如果B得知自己的旅程，她也会去。所以，A小心翼翼地让B没有这样做的机会。

在我看来，在这个例子中，A的所作所为并不一定是错误的。他的行为正确与否，取决于B是否有权利得知A的计划。至此我并没有讨论他们之间的关系。在我所说的内容中，B有可能是A的前妻，或可能成为他的情人，亦或是其它大学的一个讨人厌的同事，她总是问一些极端的又臭又长的问题。在这些情形中，A 隐藏自己的计划就并没有错误地对待 B，因为 B 没有权利要求 A 告知自己的行踪。B 并不需要对 A 做什么错误的事情，也并不需要曾经威胁说要这样做，才使自己没有这种权利。

当以下情形为真的时候，我们这里所考察的错误——也就是考
110 斯卡德举的例子中所提出的错误——就会出现。

1. 除非 B 同意，否则 A 的行为便以一种不可允许的方式影响或牵连到了 B。

2. 在当时的情况下，B 没有机会表明自己同意与否的态度。

若以下情形也为真，那么此时的错误就更加明显了。

3. 如果有适当的机会，B 不会同意 A 的所作所为。

我们把这种错误称作“未经同意的代价昂贵的牵连”（costly involvement without consent)。这里所讨论的同意显然是一种**真实的**同意。当然，我们可能通过询问“何时需要真实的同意”来回答这个问题——B 是否会理性地命令一条原则以允许 A 在这样的情形下不经过自己的同意而行为（抑或 B 是否会合理地拒绝这样一种原则)？如果答案是否定的，那么我们可能会说，A 在这种情境中的所作所为是错误的，“因为 B 不可能同意”。不过，我想在此处明确一点：我们诉诸一种“假想的同意”，它内在于关于对错的一般性描述之中；而不是诉诸那种“真实的同意”，后者内在于我们当前正在讨论的那种错误之中，是在欺骗或强迫案例中受害者所不能给出的那种同意。

我对这种错误的阐释是非常广泛的。它给下列情形留有余地：在考斯卡德所讨论的强迫和欺骗的案例中，A 是不是使 B 没有适当的机会去表达自己同意与否？或者，在那些可以被称为利用的案例中，A 是不是利用了 B 在信息上的匮乏或是他的不幸处境？更宽泛
111 地说，我所描述的这种错误还可以发生在以下情形：A 并没有**计划**

要使 B 对自己的所作所为无法表示同意或拒绝同意。假设 A 和 B 是毗邻的土地拥有者，有一条小溪蜿蜒穿过他们的土地，他们可以共用这条小溪里的水。如果 A 未经 B 的同意就使溪水改道了，那么他就犯了我所描述的那种错误，即他是不是偷偷地这样做的（在夜里行动，以至于 B 没有及时发现）？或是不是强迫 B 同意他这样做了呢？还是他冒冒失失地直接这样做了，根本没有考虑到 B 也有使用溪水的权利？这些行为具有不同的意义——一个人与邻居的关系会由于被欺骗、被威胁或权利被忽视了，而有不同的改变，然而这些区别与该行为的可允许性却无关。所有的这些行为都是不可允许的，因为它们是我界定的那种错误的实例。

我对“未经同意的代价昂贵的牵连”之错误的界定，与将某人当作手段的这种观念并没有什么关联。它只是说，A 的行为“影响或牵连了 B”。这似乎包含了这样一些案例。例如，没有去挽救一个溺水的人。在这个案例中，对于 A 的任何一个目的而言，B 都不是一种手段。我之所以如此宽泛地界定这种错误，是因为我想首先界定这样一类情形，它们的错误之处在于缺乏同意或压根不同意。如果手段的观念在此起作用，那么也肯定是因为“作为一种手段”是某行为主体的行为所涉及的**一种**形式，该行为需要同意。

那么，在什么情形中 B 在 A 的行为中是一种手段呢？首先，该行为必须要是对 B 有害而对 A 有利的。然而，这个条件在上文提到的小溪案例中得到了满足。在该案例中，B 似乎并不是一种手段；在溺水的案例中就更加显而易见了。B 要成为一种手段，那么他或 112
她受到牵连或影响的方式就必须是使 A 受惠的一部分。在小溪案例中，尽管将溪水从 B 的土地上分流开来对 A 有益，但这对 B 的影响却不甚重要。与此相反，在去巴黎开会的案例中，**B 不在巴黎对 A 有益**，这使得我们能够合理地说，在这个案例中，B 被当作了一种手段。我们甚至可以更加肯定地说，在一些涉及对 B 采取某种积极而故意行为的情形中，B 被当成了一种手段。我们可以更改一下案例，假如 A 希望 B 去参加在巴黎的会议，因为他希望 B 参加自己的讲座。而 B 之所以觉得值得去是因为她错误地认为，她将有机会见到法国学者 C，C 是她的偶像。A 知道 C 不会去，不过他没有告诉 B，因为他希望 B 能够同行。

对去巴黎开会的案例进行以上的修改之后，我们就能明白 A 对 B 的所作所为是错误的，也能更加合理地说，他将 B 当作了一种手段。这一改动使这种错误更加显而易见，这是因为它使以下事实更加明晰：B 有权作出一个明智的、关于是否参会的决定，而 A 则有义务告知他所知道的与此决定相关的信息。B 去巴黎参加会议可能真的会促进 A 的目的，并因此成为一种手段；然而，这个事实本身并不能解释为什么 A 的所作所为是错误的。我在上文已经提到的那些因素能够充分地解释这种错误。

然而，在其它案例中，B 去参会将促进 A 的目的这一事实，会具有更重要的意义。让我们来思考一个不同的例子。在这个例子
113 中，A 和 B 都计划去参加这个会议，而且 A 希望 B（B 是该领域一个非常重要的人）跟他一起参加此次会议并且去听他在那里要做的报告。他没告诉 B 的是，他之所以希望这样是因为 D 会认为 B 的到场体现了她对 A 的尊重并看好他的工作，而 D 则正在考虑给 A 一个可能的职位。在这个案例中，A 正在把 B 当作一种手段（利用她），他的所作所为很可能是错误的。然而，这里所说的错误，是指 A 错误地没有让 B 知道一些信息，而 B 需要这些信息以作出一个明智的、关于是否去参加该会议以及是否出席报告的决定。手段的观念则是在一个不太重要的层面上被引入的，它部分地解释了为什么这个信息是重要的。

它以两种方式起到上述的解释作用。首先，可能在 B 看来，她不愿意 A 得到这个工作，而且如果不参加他的报告能达到这一目的，她就不会参加。其次，即使 B 对 A 是否能够得到这个工作毫不关心，她可能也不愿意帮助他得到这个工作。可能 B 同时是 A 和 E

的好朋友，而 E 也是这个工作的被考察对象。如果他们中的任何一个人得到了这个工作，她都会很高兴；不过，她并不想做任何能够帮助其中一个人超过另一个人的事情。这第一个考量涉及 B 对其行为结果的一种偏好；第二个考量则与她行为的意义有关——她做什么以帮助 A 的意义，而无论 A 是否得到这个工作。

一般认为，我们在选择某行为的时候，有理由要关心该行为将会促进什么样的目的；因此，也就有理由在决定如何行动之前想知道这些目的是什么。[18]因此，在之前的种种案例中，手段的观念在解释 A 的行为为什么是错误的时候，丝毫没有起到作用；与此相 *114*
对，在当前这个案例中，B 被当作实现 A 的目的的一种手段，这个事实却可以与"A 对 B 的行为是否错误"有关。

然而，我们应当注意的是，B 想要知道自己参加 A 的报告会促进什么样的目的的理由，并不一定要依赖于这样一个事实，即这是 **A 的目的**。我们可以通过考察另一个稍稍有些不同的例子来获悉这一点。假设 A 和 B 正参加他们专业学会的年会，A 将要在会上发表演讲。A 之所以想要 B 参加他的演讲，仅仅是因为 B 是他的朋友。不过，A 知道该学会的行政委员已经决定要减少各子学科的讨论会，而且学会委员会委员参与某些讨论会（包括 A 的演讲所在的讨论），以决定取消其中的哪一些。由于 B 是该专业领域的杰出代表，她参加该讨论会将会使这个讨论会看起来是一个非常重要而且很活跃的子学科。尽管 A 知晓这一切，但他并不在乎哪些讨论会会被取消。然而，对此毫不知情的 B 却可能会在意。她可能会认为，如果要取消某些讨论会，那么最好是取消 A 即将发表演讲的那一类讨论会。因此，她最好不成为保留这些讨论会的理由之一。抑或可能是，B 并不关心哪些讨论会将被取消，但她希望在这个问题上保持中立，并避免做任何能够支持某讨论会留下的事情，因为她在很多可能受影响的子学科中都有很好的朋友。因此，如同在前文所提到的那个例子一样，B 有理由希望自己被告知，如果自己参加 A 的学术报告

115 会，她将会促进什么样的目的。如果关于哪些子学科的讨论会应当被取消她存在激烈的思想斗争，那么她的这些理由是非常有说服力的。

这说明，这两个例子当中所体现出的错误在于没有告知，而不是在于将某人当作实现他人目的的手段。然而，即便这两个案例中的错误之处是一样的，A 和 B 之间的互动在这两个案例中却具有不同的意义：在前一个而非后一个案例中，A 是在**利用** B。我将会在下一节内容中探讨这种区别所具有的意义。

“利用”和意义

“参与某个特定行为会‘被利用’”的这种观念本身可以被看作是，某人在决定是否参与之前，有很好的理由希望自己被告知相关的情况。要想弄明白这一点，我们就必须要回到“行为的意义”的观念，也要回到这样一个问题：行为的可允许性怎样依赖于行为主体这样做的理由？我将考察一个非常私人性的互动，其中意义的重要性是显而易见的。不过，我认为其要点也适用于不那么私人性的互动。

假设你邀请我参加大型的跨年舞会，那么我随你参加该舞会的意义便取决于你邀请我参加的原因。如果你这是在对我表达一种浪漫的爱意，那么这是一回事；如果你只是因为去参加舞会比待在家里更有趣，才提议我们“作为朋友”去参加该舞会，那么这则是另一回事；而如果你的目的是要刺激你的前女友或是有机会融入那个把我当作一名成员的群体当中，那么情况就更为不同了。如果你心
116 里有这其中某些原因，那么我可能会愿意随你去；不过你若是出于其它原因，我可能就不愿意随你去参加了。假设我接受了你的邀请，因为我认为这表达了你对我的兴趣（无论是作为情人还是作为朋友）。若是我后来发现并非如此，你只是出于以上所列出的其它一些原因而邀请我，那么我可能会很生气地说：“你只是在利用

我!”当我这样说的时候，我可能是在抗议：你让我基于虚假的理由随你而去是错误的！我也有可能会诘问你邀请我去参加舞会的理由（亦即你所隐瞒的理由）。我原本认为你是出于对我的某种特殊关心，可事实根本并非如此。你只是“在利用我”，也就是说，你带我去参加舞会是因为这满足了你的目的，而这与关心我没有丝毫关系。与你的理由相关的事实，改变了我们一起去参加舞会的意义。即便根本没有欺骗，我也可能会强烈反对你出于这些理由的邀请（这是欺骗之所以必要的原因）。

然而，你在这种意义上“利用”我的这一事实本身，并不一定能使你的行为是错误的。如果我们一起参加该舞会时都明白我们这样做只是为了其它的目的，那么我们就没有错误地对待对方（尽管我们中的一个人可能会为我们对彼此没有更多的兴趣而感到遗憾）。通过隐瞒这种互动所具有的意义而使某人随你去参加舞会的行为是错误的；即便某行为没有在我所描述的那种意义上利用他人，该行为也有可能犯了上述错误。例如，如果你对我有种浪漫的爱意，那
么与你共舞便有了一种特殊的意义；只要你不是出于这种浪漫，那 117
么我便可能会乐意随你去参加舞会。因此，如果你向我隐瞒你已经无可救药地爱上了我而使我随你去参加舞会，那么这种行为可能就是错误的。不过，在这种情况下，你“只是在利用我”的这一控诉就不会像在上文所列举的各种情形中那样有力。[19]因此，“只是在利用”在此处我所描述的那种意义上，是一种互动行为可能具有的意义，也就是这样一种意义，即欺骗某人是错误的。然而，这并非是唯一的意义。

结　论

我在本章的目的在于解释，“将某人当作目的本身”和“将某人仅仅当作一种手段”这些观念所具有的显性的道德意义。我试着

作此解释时借助于两种区分。第一，在“对与错所具有的一般特征”与“证明一种行为之所以错误的说明”之间所作的区分。我认为，“我们要将他人当作目的本身”这一要求提供了一种合理的、关于对错之分的一般性描述。相反，我论证，有更多具体的“将某人当作一种手段”、“利用某人”等观念，在某种程度上（尽管不是决定性地）解释了为什么某些行为是错误的。

第二，在某行为的可允许性和意义之间所作的区分。当我们这样来理解的时候，“将某人当作目的本身”这一观念就是一种非常抽象的、关于可允许性的论证。然而，“我们必须将他人**当作**目的
118 本身”的这一观念，也可以被解读为一种与态度有关的主张；我们必须拥有这种态度以使自己的行为具有某种意义，亦即使我们的行为表达出对他人的一种至关重要的尊敬。如果我们用这后一种方式来理解，一个行为是否涉及将某人当作目的本身就取决于该行为主体所诉求的理由；而当我们用前一种方式来理解（即将其看作是可允许的条件）时，则并非如此。

那个更为具体的、“只是在利用”某人的指控也具有一种类似的模糊性。我们可以用它来指涉某种特定的错误，也可以用它来指涉一种态度，该态度能够影响一种行为的意义。这两者可能是相互关联着的。“我们的互动具有某种特定的意义”的这一事实，可能是使之错误的一种原因。然而，这两种观念却是相互独立的。一个行为可能是错误的，这种错误的原因独立于该行为的意义。

综上所述，在我看来，这些要点解释了诸多方式；在这些方式中，“将某人当作目的本身”和“将某人仅仅当作一种手段”的这些观念可能是有意义的。毫无疑问，我没有搜罗其它的一些松散的线索；不过在我看来，我所给出的论证能够解释其中的大多数。我将强调一种意义以作终结，在我看来“手段的观念”不具有这种意义。

根据我勾勒出的观点，“某人的在场抑或他/她的行为对他人的

计划而言至关重要”的这一事实可能会表明，该计划由于需要他/她的同意而牵连到此人。然而，在我看来，在这种意义上作为一种手段，亦即作为一种因果必要性，并不具有内在的道德意义。重要的是受到牵连的这个人所付出的代价，以及这样一种主张：此人应当被告知这种牵连的本质。

这种分析暗示着某种可能性：可以用“被当作一种手段”的这 119
一观念来解释，为什么将一列正在冲向五个人的脱轨电车转向只会撞到一个人的岔道上是可允许的，而把一个人从桥上扔下去以阻止这列火车则是不可允许的。事实上，在该桥梁案例中，此人从桥上被扔下去并被火车撞到，是实施者计划中的必要环节；这种牵连对于那个被扔下去的人而言意味着极大的牺牲：他几乎肯定会被撞死。在简单的有轨电车案例中，在岔道上的那一个人并不一定非要被撞才能挽救那五个人的性命。然而，事实仍然是，此人会被撞到，而且这种牵连对他而言也是极大的牺牲：他，也几乎肯定会被撞死。

假设在简单的有轨电车案例中，我们可以调转有轨电车的方向盘，未经同意就将这次意外的损失强加到岔道上的那个人，那么问题就在于：在桥梁案例中，是否是因为此人的死亡与挽救那五个人之间存在因果必要性，才需要此人的同意？根据我给出的分析，这取决于这样一种主张，即此人应该被告知自己所要服务的目的。他可能很在乎这一点。例如，他可能特别痛恨生命危在旦夕的那五个人，因此不愿意牺牲自己以挽救他们。然而，他可能拥有这些理由的这一事实，似乎并不能说明他的同意是必要的。如果这里他的同意是必要的，那么为什么在简单的有轨电车案例中就不需要岔道上的那个人的同意呢？这个人可能也会有同样的理由不愿意牺牲自己去救那五个人。“他在此次意外中受到牵连并不是一种因果必然性”的这一事实，似乎并没有产生太重要的区别。如果在桥梁案例中，桥上的那个人表现出某些积极的、有意的行为，那么刚才提到的这 120

种意义上的差别可能会更加重要。然而，在该案例中，那个被从桥上扔下去的人，与简单的有轨电车案例中那个在岔道上被撞的人是一样的被动。因此，如果这两个案例之间存在意义上的差别，那么这种差别也太过微弱，以至于无法据此要求必须要有同意，这种同意能够说明可允许性所具有的差别。

这种分析也适应于汤姆森版本的有轨电车问题，在他的版本中，电车轨道上的岔道环绕了一周，又在反方向重新与主干道连接。在这个案例中，只有当有轨电车撞到站在岔道上的那个人并因此停下来，才能挽救主干道上的那五个人。这里的问题同样是，这个人受到牵连与挽救那五个人之间存在因果必要性的这一事实，是否会产生对同意的需要？这在简单的有轨电车案例中并没有出现。根据我在上文已经给出的理由，在我看来，此问题的答案是否定的。

因此，“将某人当作手段”的这种观念，并不能解释将电车拐入岔道和将桥上的人扔下去这两者之间的区别；除非这种观念具有一种比我探索出来的更为重要的道德意义。可能正如汤姆森所说，这些案例之间的区别在于使那些个体受害的行为上有所不同。[20]如果在桥梁案例中的所作所为是不可允许的，那么这可能是因为我们有权要求他人不把自己扔到桥下，即便是要挽救五个人也不能说明这种要求有例外。然而，我们有权避免威胁的这一主张却可能会允许这样一种例外：我们也许可以转嫁现有的各种危险，以使它们威胁到更少的人。我不确定这是不是一种更合理的解释。然而，在我
121 看来，无论对这些案例之间的区别作出怎样恰当的解释，都不能产生这样一种观念：在一种案例而非另一种案例中，对某个人造成影响是挽救他人的一种手段。

第四章 谴 责

本章我将基于前面几章对可允许性和意义所作的区分，来说明 122
什么是谴责。谴责是一种熟悉的道德经验，然而令人惊讶的是，我们并不清楚它到底包含了什么。关于谴责的说明倾向于两种观念：一种观念在本质上是评价性的：谴责某人就是对他/她的品性表达一种负面评价；第二种观念是惩罚性的：谴责是一种处罚，是一种温和的惩罚。不过，我认为这两种解释都不符合我们的道德经验。我在本章将提出另一种解释，在我看来这种解释会更贴近我们的道德经验，尽管它有些方面也肯定会给人一种修正主义的印象。

根据我给出的解释，谴责通常不仅仅是一种评价，但也不是一种惩罚。在我看来，谴责某个人的行为，就是通过该行为来表明一些与这个人有关的事情，这些事情伤害了他/她与他人的关系；同 123
时，也以一种能够反映这种伤害的方式来理解这段关系。在我看来，这种说明在很大程度上契合了我们所说的谴责及其对我们而言所具有的意义。它同样也解释了被我称为谴责的伦理的诸多要素：谁能够被谴责？谁有资格谴责以及为什么我们应当谴责，抑或为什么谴责不是一种我们最好要避免的态度？

关于谴责之本质的疑问，隐藏在关于自由和责任的哲学争论当中。很多人认为，道德谴责只适用于那些能够被行为主体所掌控的行为和品性；而有些人则坚持认为，只有当行为主体的行为和品性并不是源于一些外在的东西，如他们的基因构造、他们所处的社会环境以及其它一些环境因素时，他们才在相对意义上掌控着自己的行为和品性。然而，人们通常并没有解释为什么应该是这样。谴责是否需要自由以及它需要什么样的自由或掌控，这当然取决于谴责是什么。例如，如果谴责仅仅是一种负面评价，那么我们就不清楚为什么需要掌控或自由。我将会指出，在我看来，那种认为谴责预设了一种较强的自由的观点所依据的最有力的理由是什么；我也将解释，为什么这些理由并不适用于我所理解的谴责。

谴责是什么?

在大多数情形中，判定一个人的所作所为应当被谴责，就是部
124 分地判断他的行为是错的——也就是说，他的行为方式违反了一些标准，而我们所有人都有理由认为这些标准至关重要且高于一切。这些标准不仅仅是一些标准。没有遵守体育标准或艺术标准或在计算方面出错，都不至于要被谴责。这些标准并不具有那种重要性，违反它们本身并不使谴责是合理的。

我们很难明确地说，那些重要的标准要具备什么才能成为**道德**标准。我不知道是否有一种统一的、更具本质性的、关于独特的道德重要性的说明，它包括了人们通常说的所有“道德的”情形。[1]不过我认为，至少从总的方面和一些重要的情形来看，本质性的道德标准与“我们彼此负有义务”的这种顾虑有关。因此，至少在这些情形中，道德标准的重要性在于我们与他人的关系的重要性。我将会集中讨论与这种错误相关联的谴责，而搁置一些有意思的与谴责有关的问题，此处谴责的产生是由于违反了其它可能被称为道德的标准。

当某人应当被谴责时，通常是因为他/她做了某些错误的事情。然而，错误和谴责也可能是分离的。一个行为是否应当被谴责，取决于行为者如此行为的理由以及他/她是在什么情况下做出这种行

为的；而错误一般并非如此。因此，我们可以这样说：“是的，她的所作所为当然是错误的，但你不应当谴责她，因为她是出于巨大的压力。”或者也可以这样说：“你不能谴责他，他认为他这样做是最好的。”好的意图诸如压力等条件，都可能与谴责有关，即使它 125
们与这个人行为的对错无关。即使一个人的行为并非是不可允许的，我们同样可以谴责他。例如，如果一个人出于某种非常恶的理由去行为，我们也可以谴责他/她的行为，即使这种行为实际上是一种好事。

类似的谴责同样适用于这样一些人，他们出于绝对好的理由却做了一些对他人造成严重伤害的事情。例如，一位政治领导人可能会选择一种他有理由认为是最好的行为，然而这种行为却可能导致灾难性结果。如果是这样，她可能很难原谅自己，而他人也会视她为弃儿（如果她的选择导致了成千上万人的死亡）。这同样适用于更加私人性的情形，如托马斯·内格尔（Thomas Nagel）给出的一个例子。一个人在做一件自己有任何理由认为是非常安全的事情（如在街道上开车）时，极其意外地害死了自己或邻居的孩子。不难理解，他可能发现自己难以接受这个事实，即他害死了这个孩子。正如内格尔解释的，这并不是一种道德谴责的案例。[2]我们可以很自然地说这个人是无可指摘的，以消除他的顾虑。然而，这个人可能要承受的东西在某种程度接近于谴责，这是需要解释的。

内格尔将这一现象与其它真正的道德运气案例作了区分，这可以被称为“客观的污点”（objective stigma）。他这样写道：

> 然而，哪怕这个驾驶员是为了一个小的疏忽而感到自责——比如最近没有检查刹车等，那么若这个疏忽导致了孩子 126
> 的死亡，他就会不只感到糟糕而已。他会因为孩子的死而谴责自己。使这成为道德运气案例的原因就在于：如果要求他紧急刹车以避免撞倒一个小孩的情况没有发生，那么他就只需要轻

> 微地谴责自己没有检查刹车的疏忽。然而，这两种情况中的疏忽是一样的，而且这个驾驶员并不能确定会不会有孩子跑到路上。[3]

我会讨论一些案例，其中谴责随着这些案例在道德结果运气（moral outcome luck）上的不同而有所不同。一种对谴责的充分论证应当要么解释谴责是怎样变化的，就像在这些案例中一样；要么令人信服地解释为什么谴责应当这样变化，即使它并没有变化。

如果错误和值得谴责能够以这些方式而有所不同，那么关于是否值得谴责的判断又是什么呢？可能有人会说，因为某事而谴责某人就是将其视为此人的一个负面“道德记录”[4]。不过，这个记录到底是什么？我们在做什么来保持它呢？它只是一份记载此人错误行为的记录吗？如果是这样，怎么会出现他的行为是错误的但却不在这份记录里的那种情况呢？

同样，我们也可以很自然地说，谴责某人就是在评价他/她的品性，而错误仅仅与他/她所做的行为有关。这毫无疑问是有合理之处的。然而，尽管谴责可能与品性有关，但它同样与行为有关——至少在很多情形中，我们是由于某事而谴责某人。因此，我们可以说，由于某事而谴责某人，也就是用这个行为来说明此人品
127 性上有所缺陷。[5]这样的优点在于解释了为什么谴责应当取决于行为者做出该行为的理由，以及在何种情况下（如承受巨大压力）做出该行为；因为这两者都与这样一个问题密切相关，即人们可以从一个行为中推断出行为者的什么品性呢？

然而，这种观点本身并不能解释道德谴责可能具有的那种独特分量。除非我们更详细地解释为什么我们对这种品性的评价很感兴趣，它似乎是一种无意义的、关于道德“分数”的任务。当然，我们对他人品性的关心可能是慎之又慎的。例如，我们对判定谁可以被依赖这个问题具有一种显而易见的兴趣。然而，这并没有捕捉到

谴责包含的所有内容。即使当我们非常确定那能够体现相应品性缺陷的机会根本不可能发生时，因为某行为而谴责某人也不是非常荒唐的。

再者，这种用“品性评价”来说明谴责的观点，本身没有给我们留下任何余地来解释道德结果运气的现象。在内格尔所举的案例中，不管有没有孩子冲到他面前，该司机都具有同样的品性——都表明了他的某种粗心大意。因此，如果恰当的谴责根据这两种情形的不同而有所不同，那么谴责就必须还要包括某些不同于品性评价的成分。

彼得·斯特劳森（Peter Strawson）提出了另一种观点，该观点把谴责等同于一些反应性态度，如不满与愤恨。[6]相比于那种把谴责看作是不赞同或是对品性进行评价的观点，斯特劳森的这种说明具有很多优点。首先也是最重要的是，它避免了这样一种责难，即谴责是一种无意义的、关于道德分数的任务。正如斯特劳森所说 *128*
的，人际关系的一个重要组成部分就是：当我们认为某些人对他人没有表现出其关系所要求的那种应有的关心时，我们应当对这些人感到愤怒和不满。其次，这种解释给一些方式留有空间，在这些方式中，谴责的内容多种多样。不同的关系有不同的标准。（用斯特劳森的术语来说，他们需要不同形式的“善良意志”。）而且，不同的反应也是合理的，这取决于此人与那个没有表现出这些标准所要求的关心的人的关系。

然而，这种观点本身仍然不能解释道德结果运气的合理性。如果谴责涉及的反应性态度是对他人在行为中表现出的**各种态度**的回应——例如是对他人利益关心的一种回应，这些利益体现在他人的行为之中，那么道德结果运气就仍然似乎是无法解释的。

我给出的关于谴责的解释与斯特劳森的解释有着相似之处，即把人际关系看作谴责的基础。不过，我与他的观点也有区别之处：我把重点放在构成这些人际关系的期望、意图以及其它态度上，而不是放在诸如不满、愤怒等道德情感上。简而言之，我的提议如下：说一个人由于某个行为而是值得谴责的，也就是说该行为体现了某种与该行为者对他人态度有关的东西，后者伤害了别人与他/她的关系。[7]**谴责**某人就是判定他/她是值得谴责的，并以某种方式来调整你们的关系，这种方式对于这段受到伤害的关系而言是恰当
129 的。为了有助于理解该提议，我将在非个人的道德和更为私密的关系（如好朋友或情人之间的关系）之间作个类比。

假如我得知一些熟人在上周的一个聚会上讨论我，并粗鲁地拿我开玩笑。后来，我进一步得知我的好朋友乔也在那个聚会上，可是他没有站出来维护我，也没有冷眼旁观；相反，他尽情大笑，甚至还说一些带刺的话，并抖搂一些我私下告诉他的糗事。这就产生了一个与我和乔的关系有关的问题：我还应当把乔看作我的朋友吗？这不仅仅是一个有关于他以后行为的问题。像这次聚会上的氛围（即个人与化学反应之间的混合所产生那种热烈的特殊氛围），很可能再也不会发生。也可能乔对自己的行为感到很抱歉，而这表明他以后不会再重复这样的行为。这里的问题不仅仅在于他在以后会怎样行为，而在于过去发生了什么，这反映出乔对我的态度以及我们关系的本质。

在我看来，对乔的行为的可能性回应大致分为三类。首先，我会考虑是否应当继续把乔看作朋友。对这个问题的回答是对乔的行为所具有的意义进行判断，即考虑到友谊的要求、这种态度对我们的友谊而言所具有的意义以及他的行为表明了他对我的态度。其次，我可能会用这种判断认为合适的方式调整自己对乔的态度。例
130 如，我可能不再像朋友那样看重与他共度时光；我可能不再向他吐露心声，也不会鼓励他向我吐露心声。最后，我可能会跟乔抱怨他的行为，并要求一种解释或辩护，抑或以其它方式告诉他我不再把他看作朋友。[8]

这三种回应既紧密相关，又在一定程度上彼此独立。如果一个

人与另一个人的关系就在于他以某种方式对待他/她的理由，那么如果认真对待，对是否值得谴责的判定就标志着这种关系发生了某种变化，因此也就成为了一种谴责。然而，即便一个人作出了这样的判定，还存在这样一个问题：这个人会怎样认真地对待它，以及这个人会在多大程度上调整自己对那个人的态度以使该判断的主张是合理的？我可能会得出这样一个结论：乔的行为使我不能再恰当地将他看作朋友，但仍然要按照以上提到的几种方式来对待他。这可能是非理性的或自欺欺人的，因为它会不能坚守那种我自己认为是恰当的态度。它可能也会预示出我的某种软弱或奴性。我可能对乔有所依赖并渴望他的关注，以至于我卑微地行为。即使我判定乔并不是一个真正的好朋友，并相应地调整我对他的态度；然而，还有一个进一步的问题：我会不会把这一点向乔表达出来呢？或是以什么方式表达出来呢？自尊可能会要求我站出来为自己说话，而不仅仅是默默地了结我们的友谊。

为了了解一般的谴责，我们有必要区分以上列出的三种回应； 131
尤其不要简单地把谴责看作第三种回应。“某人因为自己的所作所为而应当受到谴责”的结论是第一种回应：这是一种判断，即该行为表明这个人持有某些态度，这些态度伤害了他/她与他人的关系。谴责此人就是对他/她保持一种态度，而他/她所造成的伤害使这种态度成为恰当的。在以上我所讨论的各种案例中，谴责某人就是**修正**自己对他/她的态度。不过，值得谴责的行为也能够证实那个我们已经达到的、关于一个人对我们和他人的态度的否定性结论；在这个案例中，谴责不过是再次肯定该判断所持有的那种态度是恰当的。[9]谴责涉及的态度可能包括那种谴责此人的意图和要求某种解释、辩解以及道歉的意图，不过这些并不一定要体现在每一个谴责之中。

为了解释和维护这种对谴责的说明，我需要更详细地说明一些东西，如友谊的观念、对一种关系的伤害以及这种伤害可能产生的那些恰当的回应。

私密关系和伤害

一种关系由特定的态度和倾向（disposition）构成，其中最核心的就是有关双方会怎样对待彼此的那些意图和期望。不过，关系同样包括各种意图和期望，它们与双方对彼此所包含的那种感情以
132 及他们可能倾向于回应并视之为理由的考量有关。

在友谊的案例中，关系包括的各种态度是显而易见的。与一个人成为朋友包括以下诸多内容：当有需要的时候会想要提供帮助和支持，而这种帮助和支持会超越一个人有义务为他人所做的；会对那个人吐露心声，也会反过来保守他的秘密；可以的时候会愿意花时间与那个人在一起，会“保持联络”。作为一个朋友意味着实际上愿意去这样行为，而不仅仅是抽象地打算这样去做。它还包括愿意出于某种正当的理由——不仅是出于某种义务感，还是出于对彼此的关心和情感——去做这些事情。[10]

除了要以某种方式具备这些意图和倾向（实现这些意图和倾向可能会被称为友谊的责任）之外，作为一个朋友还要感受到某种情感：以该朋友的相伴为乐；希望朋友诸事顺利，为朋友事事如意感到高兴。一个朋友并非是必须得有这些希望和情感，但如果一个人没有它们，即便算作朋友，也是一个不合格的朋友。

如果一个朋友正在接受某个职位的考察或买了彩票，那么不希望他得到这个职位或不希望他中奖，就是一种不忠诚（暂时搁置与各种忠诚相冲突的可能性）。希望这些事情发生或是作为一个朋友认为自己有理由希望这些事情发生，并不一定要认为他的朋友比别人有更好的理由得到这个工作或中奖。一个人有理由期望这些事
133 情，仅仅是因为这个人是他的朋友；然而，基于他客观上的判断，这些理由并不一定是最好的。

在一段真正的友谊中，刚刚所描述的那些态度是相互的。相互性并非是友谊的一种更深层次的、独立的特征，而是由那些构成友谊的态度所预设的。你之所以愿意向一个朋友吐露心声，是因为你认为他/她会保守这些秘密，而且至少同等重要的是，因为你认为这个朋友关心你、关心你的生活。同样，你与一个朋友相处所得到的那种特殊的快乐，预设了他/她也能从这种互动中获得乐趣。如果并不是这样——也就是说，如果那个人感到厌烦或只是在迁就你，那么你就会发现整个事情都建立在错误的基础之上。这一点不仅仅在友谊中是真实的，在其它一些具有较少意义的关系当中，如与那个经常卖给你蔬菜的人（他总是询问你的孩子状况并同情你为人父母的难处）的关系中，同样也是真实的。如果此人只是为了保持顾客的再次光临或如果他有理由的话会对你开枪，那么当你在这些交易过程中感到快乐时，你就是在犯一个错误。用我之前所用的术语来表述就是：双方间这种交易的意义是人际关系的一个重要的方面。因此，这些关系的质量也就取决于双方赖以行动或期望彼此去行动的那些理由。

我们有必要区分某种标准的理想的特殊关系（如友谊）与那种特殊的只存在于特定个体间的关系。[11]那种标准的理想的特殊关系，为了个体能拥有这种关系，明确界定了什么必须是真实的； 134
也明确界定了处于这种关系中的个体应当如何完美地对待彼此以及他们对彼此应当具有的态度。因此，它设立了一些标准，那些特殊的关系依据这些标准得以存在；也设立了一些（更高的）标准，根据这些标准的那些关系可能更好或更坏，或可以被看作是受到损害的。

大多数私人性的关系在各个方面是偶然的、有条件性的。我们与邻居的关系、与同事的关系、与那些打交道的商人们的关系，显然是有条件的；它们基于这样一个偶然性的事实，即我们通常是以这样的方式互动的。在父母与子女的关系中，这一点也是真实的，尽管不是那么偶然。然而，正如友谊的例子所体现出的，关系也有可能会基于各方所具有的态度而是有条件的。友谊取决于各方的意图和期望，但同样也取决于这样一个事实：他们在彼此的陪伴中能够获得乐趣，而且拥有共同点，如喜欢同样的追求或拥有对他们而言至关重要的（对双方都很重要，因为他们是共享的）共同回忆。

这种有条件性的关系可能会在没有哪一方出现问题的情况下，走向终点。朋友会渐行渐远，尽管没有人在任何方面不忠诚或是个“糟糕的朋友”。他们可能只是变了，对不同的东西感兴趣了，不再喜欢在一起了。这些改变可能会使一段友谊结束，但并不会以类似于谴责的方式结束。当一方撞到头部并因此不省人事或失忆时，这段友谊也可能被称作是“受到了伤害”。这类情形可能会需要各方
135 的期望和意图作出一些改变。然而，“一段友谊像这样受到伤害”的这一判断本身并不是一种值得谴责的判断，也不是一种与此类似的判断。

这两个案例（渐行渐远与生理上受到伤害）之间是有所差别的，这种差别使它们二者都区别于我关心的那种伤害的案例。那些渐行渐远的人可能因此而不再是朋友，然而，生理上的伤害并不会或不应当会造成一段友谊的结束。这些案例之间的区别源自于那些支配着各种态度的标准，而这些态度内在于友谊之中。这些标准必须允许友谊能够不受谴责地终止。如果一段友谊必须永久长存，那么这段友谊不管是什么样的，都会是一种沉重压抑的关系。不过，由于友谊包含了对彼此的那种特殊关心，因而友谊的标准同样也要求人们在朋友受伤的时候给予支持和理解，而不是由于这个朋友“不再有趣”而抛开他。

假设一个人受伤之后，他的朋友仍然对他很忠诚，那么无论这段友谊是被这种身体上的受伤而削弱了，还是由于双方渐行渐远而终结了，都没有违背友谊的标准；正是这一点把这些案例与我所关心的那种伤害的案例区分开来。我这里所说的伤害的例子发生于下

列情形：当一个人与另一方有关系的时候，却对那个人持有一些被这种关系所不允许的态度，因此使得对方合情合理地持有一些为这段关系所不容的态度。

这可能就是在那个案例中（我的朋友乔在聚会上的所作所为）所发生的事情。极端地，我可能会总结，乔根本就不是一个真正的 136
朋友。[12]要达到这个结论，就要总结到，我有理由以某种方式修正自己的各种期望和意图：不再依赖乔、不再对他像对朋友那样吐露心声、不再寻求他的陪伴、不再对他的陪伴感到欣慰、对他也不再像对朋友那样特别地关心他的感受和幸福。以这种方式（或不太极端的一些方式）来改变我对乔的一些意图和期望，就是在谴责他。我可能也会对他的行为感到愤怒或有其它的道德情感。不过在我看来，这并不是谴责所需要的——我可能只是感到难过。

然而，结论并不一定非要如此激进。如果这段友谊的其它方面仍然完好无损，那么这段友谊可以以一种遭到损害的形式继续维持。如果是这样，那么受到伤害的一方有理由改变自己的某些行为方式。例如，如果我一直背着你开你的玩笑，那么你就有理由对我不像平时对朋友那样坦白。或者，这种改变完全只是态度上的：你有理由换一种方式来看待我对你的特别关心——可能并不是完全不坦率的，但比以前要有所保留。

至此，我一直在集中讨论这样一个人的观点，他与别人的关系由于对方的不良态度而受到了伤害；我也一直在考虑，对处于这种境况的这个人而言，这种伤害会产生哪些合适的态度和意图。然
而，我们也应当考虑某个第三方所应当具备的回应，该第三方并非 137
这段关系的参与者。就像那位受到伤害的朋友，第三方可以**不赞成**那个不好的聚会，并判定他/她不是一个好朋友。然而，对于处于这两种位置的人而言，这种不足具有不同的意义。

由于受害方是这段友谊的参与者，因此这种伤害对他而言具有特殊的意义。这引发了一些问题，这些问题有关于他（过去和将

来）与他的朋友之间那种互动的意义，有关于他在那些场合中的回应。对于第三方而言，这些问题并不具有同样的意义。如果我们考虑背叛的观念，便可得出这种区别。“你被自己的朋友背叛了”这样一个判断——也就是说他的所作所为是一种错误的判断，是一个处在你或第三方的位置上才能得出的判断。不过，如果认真看待“某人被背叛”这个事实，就不仅会得出这个判断，另外还会体验到某种情感（可能是一种特别的愤恨）。它包括认为此人与该背叛者的关系已经被改变，此人与该背叛者的互动具有不同的意义，认为此人有不同的理由支配这些互动并在那些理由的支配下而具有不同的意图。第三方可能会判断说，这种背叛的行为对你而言具有这种意义；然而，由于他并非是这段关系的参与者，他所处的位置使他并不能相应地调整自己对待过错方的态度。由于不是朋友，他不会拥有一个受伤的朋友可能拥有的相应态度，如修正后的期望、意图及意义。

这种关于友谊和谴责的讨论引出了五个因素，它们是我提出的
138 那种关于谴责的说明的核心：

1. **根本性的关系**（在这个案例中就是友谊）。它提供了一些标准，根据这些标准，某行为主体的行为所体现出来的那些态度才构成了伤害。这些标准也决定了对这种伤害的各种回应的恰当性。

2. 由于某一方的某些态度而对某特定关系的**伤害**。

3. 该行为主体和伤害的**回应方（谴责方）所处的位置**。例如，该回应方可能是一个遭到背叛的朋友或该朋友的朋友抑或是毫无关系的第三方。

4. **对于回应方而言该伤害所具有的意义**。这是该伤害具有的一种应变量（function），是回应方与该行为主体的关系、行为以及伤害的应变量。

5. **恰当的回应**（谴责）。这取决于这种伤害及其对处于这种位置的回应方而言所具有的意义，它由这种根本性的关系所包含的那

些标准裁定。在以上所讨论的各种案例中，这种回应包括修正对另一个人的态度。

在友谊的案例中，“何谓根本性的关系”相对来说比较清楚；然而，在一般性的道德案例中，当我们说谴责某人就是判定他与他人的关系受到伤害时，我们并不十分清楚自己讨论的关系是什么。我们是不是与任何一个彻头彻尾的陌生人都具有关系并能够谴责?[13]对此，我的回答是，在一般意义上而言，我们确实是这样的，但这需要进一步的解释。

道德关系

“我们与世界上的任何一个人都有关系”的观点，听起来是奇 139
怪的，这主要有两个原因。第一，我们自然而然地认为“关系”一词指的是一种**特殊的**关系，就像两个人的友谊，它由朋友之间对彼此的那种特殊的态度构成。道德并不是这种意义上的关系；相反，它是标准的理想，就像友谊的标准理想，具体规定了当满足某种条件时，我们应当对他人具备的各种态度和期望。

在友谊和其它大多数私人性关系中，以上所提到的各种条件包括双方对待彼此的态度；而且正是由于这些态度，他们的关系才得以维持，他们才是朋友。然而，在道德的情形中，相应的条件并不关心双方现有的对彼此的态度，而只是关注某些一般性的事实；也就是说，它们是这样一种存在，它们能够理解并回应理性。如果一个人认为任何关系（如友谊）都必须由双方的态度构成，那么这就提供了第二个原因以认为我们不能恰当地说“道德界定了一种关系”，这种关系甚至在彻头彻尾的陌生人之间也能够存在。然而，这种假设是错误的。关系赖以存在的条件以及由此而适用的相应的规范性标准，并不总是与双方对彼此的态度有关。

父母与孩子的关系就是一个典型的例子：那些要求关心和爱护

孩子的规范性标准，仅仅当他们是这个人的孩子并依赖他的关心
140 时，才能够适用。与此类似，我认为道德之所以要求我们对他人要
有某种态度，不过是由于这样一个事实，即我们处于“理性存在的
同胞”这样一种关系之中。它要求我们行为上要小心翼翼地不伤害
那些与我们处于这种关系之中的人们，当可以的时候我们要帮助他
们，不要对他们撒谎以及不要误导他们，等等。一个道德上善的
人，会有持久的意图来以这些方式约束自己的行为。这些意图关涉
我们针对所有人的行为，而不仅仅是针对那些我们意识到的或能够
明确指出的特定个体的行为。它们关涉的是针对人类的行为，无论
他们可能是谁；他们可能是我们以各种方式碰巧打交道的人，比如
我们开车撞到的人、向我们问路的人或在其它方面需要我们帮助
的人。

除了这些意图之外，与他人良好的道德关系还包括愿意拥有其它的一些态度。一般说来，这些态度包括：当听到他人诸事顺利的时候，我们会感到高兴。我们在道德上并没有责任一定要拥有这些情感，正如当我们的朋友诸事顺利的时候我们没有义务一定要感到高兴一样。然而，如果一个人没有这些情感，那么作为一个朋友，他是有缺陷的；并且，希望他人甚至陌生人诸事不顺或当他们确实诸事不顺的时候感到高兴，也是一种道德上的缺陷。

这些态度和倾向界定了我所说的道德关系：理想地来说，就是
我们所有人对其他理性存在所具有的那种相互关心。可能把这称作
一种关系似乎是不太合理的，因为构成它的那些态度太抽象
了——它们指向的是所有人，而不是特定个体。当我们说自己对那
些根本不认识的人或不知道他们对我们的态度是什么的人或那些差
不多意识不到的人，拥有各种态度时，这似乎是没有意义的。然
而，当我们的确意识到他人并实际地或潜在地与他们打交道的时
141 候，我们一般认为，即使他们是陌生人，他们也会至少表露出这种
关心的基本因素。我们认为这种默认的相互关心和忍耐的关系，存

在于我们与陌生人之间，这些陌生人可能是我们在路上遇到的人或我们在市场上与之作交易的人。当某人没有表现出这种关心时，这种关系就是某种标准；根据这种标准，我们与他们的实际关系被看作是受到了伤害。

我这是在主张，当我们判断某些个体应当被谴责时，也就是判定他们的行为表明他们与别人的关系受到了某种伤害；这种伤害使别人能够恰当地对他们持有某些态度，这些态度不同于那些构成默认道德关系的态度。谴责某人实际上就是对他/她持有这种经过改变的态度。[14]

相对地，我们很容易说这种伤害是什么。当一个人以下列方式来支配自己的行为时，这种伤害就会发生：不太关心自己行为的正当性或不关心正当的行为标准所要求人们听取的那些考量。更难的是描述他人的回应，这种伤害使这些回应成为恰当的。

在友谊的案例中，如果一个人缺乏作为朋友所应有的态度，那么在极端的情形中，这使得人们可以不把他/她当作朋友，亦即抛弃或不产生友谊所包括的那些意图和态度。在不那么极端的情形
中，一个朋友的不足使我们可以恰当地限定这些意图和态度，或拒 *142*
绝给予其中的**某一些**。

一种可以被称为道德报复主义（moral retributivism）的观点认为，类似于这种比较极端的反应，在道德关系的例子中是恰当的：当一个人犯了很大的道德过错时，我们恰当的反应就是将他们对我们其余人所具有的最基本的道德权利都看作有限的和受到限定的。这种观点会认为，当一些人没有对别人表露出这些意图时，我们甚至可以恰当地暂时悬隔不残杀或伤害他人的意图。[15]

我认为这种观点在本质上是错误的。我们会理想地希望自己与他人的道德关系是相互的。当我们以一种正当的对待他人的方式去行为时，这种关系就得到了充分的实现，而且这种关心也是互惠的。然而，与友谊的案例不同，基于这种互惠的道德关心的基本构

成并不是有条件的。即使是那些毫不在意自己对他人的行为是否具有正当性的人，也保留着自己基本的道德权利——他们仍然有权要求我们不去伤害他们、杀害他们，有权要求我们在他们急需帮助的时候去帮助他们，也有权要求我们重视对他们许过的诺言。有一些特殊的情况，如正当防卫，可能有时候会证明抛开这些权利是正当的，但道德缺陷并不能证明其一般性的悬搁是正当的。[16]

这给我所提倡的那种谴责观提出了一个问题。如果一个人在参与道德关系时所犯的过错，既没有改变我们对他的正当性的关心，也没有改变我们对他所具有的那些最根本的道德权利的尊重，那么
143 还有什么余地来进行我所描述的那种谴责呢？——也就是说，给我们留有什么样的余地来改变那些构成我们与这个人之道德关系的各种意图、倾向和期望呢？一种可能性就是在道德情感或类似的态度中，找到作出这种改变的余地。根据这种观点，道德上的不足使之成为恰当的仅仅是一种道德上的不赞成（亦即一种打分），或一些更加具体的道德情感，如愤恨（如果由于自己的不足则是罪恶感）。

我并不否认，这些态度上的回应可能是恰当的，而且它们是谴责的要素。然而，如果只是集中于这些要素，一种关于谴责的说明就太过浅薄了。谴责还在于我们在态度上对一个人作出的其它一些改变，包括我们在具体方式上不再积极与他/她互动。有一些与他人的互动在道德上是至关重要的，但并不是任何人都无条件地拥有。如果一个人毫不关注自己对他人的行为的正当性（或是尽管有这种关心，但一般都是从自己的利益出发来看待问题），那么我们拒绝与这个人达成一致或拒绝与他建立其它一些具体的涉及信任和依赖的关系，就是恰当的。此外，我所讨论的有意和其它一些具体的关系，都预设了充分的道德关系。因此，那些伤害到道德关系的缺陷同样伤害了或排除了这些具体的关系。因此，谴责在不同程度和不同方式上包含了一种搁置，这种搁置表现为不愿进入这些更加具体的关系中或不愿意表露出相应的友好态度，这种态度体现出人

们愿意这样去做。

另外，这里还留有余地，以在某些方面修改我们帮助他人的这 144
种意图。某些帮助他人的义务是无条件的。即便是杀人犯和强奸犯，当他们快要被淹死或是在车祸之后快要失血而死的时候，也有权要求我们去救他们。然而，正常的道德关系也包含了那种在代价不大的情况下，去帮助他人完成计划的一般性意图；然而，我们并不需要对那些丝毫不关心他人利益的人持有这种意图。可以说，我们跳出来踢翻他们的沙堡，这当然不对，但是我们也没必要给他们提供铲子。

某人自己的那种伤害了他/她与他人关系的态度，同样改变了友好问候和善意帮助的意义。与道德认同、道德关联以及道德团结等表达不同，它们变成了单方面的行为，变成了对某些不应当被忽视的事情视而不见的情形。这些表达甚至以下列方式贬低了那些持有者，即如果一个人得知某个“朋友”背叛自己之后，仍然把这个“朋友”看作忠实的朋友，那么这便贬低了他自己。

某人与他人的道德关系遭到伤害的事实，也可以使人合理地搁置我在上文中提到的那些作为正当道德关系之一部分的情感倾向。一个人非常糟糕地对待了你或他人的事实，使你能够合理地不以此人的成功为乐，也能使你合理地不希望他诸事顺利。然而，对某个人没有这样的希望和感情，并不等于认为他/她若是诸事不利就好
了（甚至判断说他/她诸事顺利就不好）。希望某件事或以某事为 145
乐，并不等于认为此事就是好的，正如我们之前在友谊的案例中所看到的：希望某人的朋友赢得大奖并以她的成功为乐，并不等于认为她应当赢，这样才更好。一个人有理由希冀的与客观上发生什么是更好的之间存在着差别；若没有区分这两者的差别，人们就会错误地将悬置希望某人诸事顺利的合理性看作是一种基于应得的报复主义的证据——根据后者，那些做错事的人应当受苦。[17]

这里我们也应当记住我在值得谴责和谴责之间所作的区别。我

在前面已经说过，声称一个人由于某个行为而值得谴责，也就是说他的行为表明了他对他人的某些态度伤害了他与他人的关系。而谴责某人就是对此人持有某种态度，这些态度在某种程度上体现出了这种伤害，并且不同于我们本来与这个人的关系所要求的各种态度。

任何人都可以作出值得谴责的判断，无论他/她与相应行为者和行为有多遥远。不过，对谴责者而言，**谴责**的内容却取决于该行为者及其所作所为具有的意义。谴责对于那些与行为者有某种互动的人（如作为朋友、家庭成员、邻居、同事或同胞等）[18]而言，具有最实质性的内容。这是因为：首先，他们最容易被我们所讨论的伤害以及体现这种伤害的行为影响；其次，他们需要决定，在将来
146 与此人打交道时应具有什么样的意图、应赋予这些互动以什么样的意义。

因此，恰当的回应也就取决于此人与该值得谴责的行为及其所体现的各种态度之间的具体关系。例如，如果一个人自己就是该行为的受害者或所指向的受害者，或当此人被该行为者看作是类似行为的合适对象（如与受害者是同样的性别或种族）时，那么不同的回应也都将是恰当的。[19]

由于谴责的内容在这种方式上取决于行为者及其对谴责者犯的错所具有的意义，因此，如果行为者生活在很久之前并对我们的生活没有意义、没有影响，那么谴责的内容就会很少。我们可以判定这样的人是值得谴责的，不过这种判断具有的主要是一种间接的意义；它关涉的是，那些与该行为者密切相关的人该怎样恰当地理解自己与他的关系。[20]例如，它可能会暗示，与此人打交道的那些人有很好的理由收回自己对他的信任和依赖。然而，“我们本人谴责他的所作所为”的观念，听起来就比较怪异了。随着我们与一个人在距离上的疏远，谴责就仅仅变成了一种负面评价或态度上的不赞成；并且，即便这种评价性的因素看起来也是一种无意义的评估，除非我们有特别的理由与这个正处于非议之中的人有所关联。

对于那些持有一种完全公正的、无偏见的观点的人而言，谴责不过是一种不赞成。[21]不过，我们对那些在时空上远离我们的人，并不需要总是持一种不偏不倚的态度。我们可能会被那些从来没有见过或永远也不会相见或生活在我们出生之前的人的行为伤害。在 147
这种情形中，说我们谴责那个人给我们带来的伤害是有意义的。人们可能会这样解释，在联系的意义上来说，加害者与受害者之间具有一种特殊关系。这在某种程度上是对的，但并不完全是这样，因为**这种**关系本身并不能被加害者的行为所伤害。相反，相对于人们之间的那种标准关系来说，该受害者与那个加害者的关系受到了伤害；因此，该加害者的行为表明他没有关心他人的幸福，而这是我们彼此之间所应当负有的义务。

被某个陌生人的行为所伤害，使得此人在我们的生活中扮演了一个非常重要的角色，使得我们不得不忍受某个事件的发动者。因此，这使得我们对待此人的态度具有一种特殊意义，即使我们将来永远也不会与此人打交道，且因此不需要决定怎样对待他/她。某些历史人物，如希特勒，对我们认识的人或他们的家庭造成了严重的伤害；这一事实也可以使谴责具有更重要的意义。正如我将在“谴责的伦理”一节中所要讨论的，不谴责那些加害者是值得谴责的——也就是说，这伤害了我们与他人的关系。在这类情形中，即便是谴责中的评价性元素也绝非毫无意义。

一个行为者的行为体现出的伤害所具有的道德严肃性，与这种伤害对某人（此人与行为者处于某种特定的关系之中）所具有的意 148
义之间的差别，同样为解释道德结果运气的这种现象提供了某种基础。让我们首先考虑一种案例，我在上文把这种案例称作客观的污点。

> A 总是很小心地驾驶。然而，某天晚上，当 A 开车回家时，一个孩子闯到他的车前，并被撞死了。

A撞死了这个孩子的事实，影响了他人（尤其是这个孩子的父母）与他以正常方式打交道的样子。它改变了孩子的父母在公交车站与他站在一起的样子，改变了他们在清晨与他打招呼的样子，改变了他们把他当作社区保姆中心的成员、依赖他照顾自己幸存下来的孩子们的样子。即使他们真的认为A并没有错，因而谴责是不合适的，但仍然会是这样。我的论证表明，客观的污点是如何类似于谴责的，即便它们并不是同样的东西：二者都涉及修正一个人与另一个人的关系，涉及改变人们之间互动的意义。现在让我们来考察几个真实的道德运气案例。

> B比较鲁莽（他不会充分考虑到自己的行为可能给他人带来的危险），但他从来没有真的危及到任何人，因为他从来没有机会去实施危险的行为。
>
> C与B一样比较鲁莽，但她会开车。她开车也比较鲁莽，但全凭运气，她从来没有伤害到别人。
>
> 149 D和B、C的性格一样，并与C开车的方式几乎完全一样；但他不够幸运，撞死了一个孩子。

由于B没有考虑到他人的安全，他与别人的关系受到了伤害。在这一点上，他是要受批评的。然而，假如他的鲁莽没有影响他与别人的关系，他开车很鲁莽的事实就并不能给人们太多的理由去改变自己对他的态度；如果有影响，这也只能极小地影响他与别人的关系。

与B不同，C实际上在危害别人。因此，她在性格上的缺陷对他人而言具有重要的意义，而B则并非如此。因此，这就使得他人改变自己对C的态度是说得通的：不仅是当她驾驶的时候远离她，不把自己的车借给她；并且不把她看作一个“有趣的人”，可以不在乎她的小缺点，而是把她看作是对自己具有某种威胁的人，并需要调整自己与她之间的关系。

与 C 比较而言，D 的过错对那些被他的驾驶所影响的人而言，具有更为重要的意义：他不仅撞死了这个孩子，而且还是因其自身的鲁莽而撞死了这个孩子。“他的过错在他们的生活中起到了如此重大的影响”的事实，引发了一个更为重要的问题：他们将怎样理解自己与他的关系呢?

假如 D 的案例与 C 的案例之间的差别源于某些他们无法控制的因素，那么人们可能要问，与这两种案例相合宜的谴责怎么会是不同的。如果谴责**仅仅**是对某个行为者之品性的评价性态度，那么我们就会像内格尔所说的那样，没有理由去有差别地谴责他们。[22] 毕 150
竟，他们的品性并没有什么不同；或者说，他们的行为所体现出来的品性并没有什么不同。然而，根据我提倡的谴责观，人们有理由有差别地看待这些案例。[23] 按我的解释，谴责并不仅仅是一种评价，而是根据一个人的所作所为重新理解我们与他/她的关系。因此，谴责并不仅仅是体现某人错误之重要性的函数，也是体现该行为者与谴责者的关系之意义的函数。D 的行为的结果可能部分地归咎于运气不好，但也是由于 D 的过失。因此，对于那些受 D 的行为影响的人而言，D 的行为增加了该过失的意义。因此，D 的案例包含的不仅是 C 的案例中所涉及的现象，还包含了 A 的案例中的现象。然而，D 的行为的这种偶然性结果使他的过失所具有的意义加倍了。与此相反，在 A 的案例中，并没有翻倍的道德意义。[24]

我们通过思考道歉或类似行为在这些案例中具有的作用，可以得出我们对 A 和 D 的恰当反应所具有的那些类似和不同之处。即使是在 A 的案例中，说“对不起”也是恰当的。然而，在他的案例中，这不是一种道歉，而是表达了对自己行为的灾难性结果的一种追悔。这里的“对不起”所具有的功能并不是承认自己的责任，而是重申：他没有责任——A 并没有不关心他人的安全——并恳请孩子的父母认识到这一点，从而有助于缓解他们之间由于这种不幸的结果而导致的紧张关系。另一方面，在 D 的案例中则需要一种真正

意义上的道歉。这里道歉的功能是承认自己的过失，承认自己的过
151 失对于那些受害者而言所具有的意义，并表达自己希望修复与他人关系的愿望。[25]

我们通常会将谴责说成是一种“道德评价”或“道德估价”，并把表扬和谴责似乎看作是同一事物的正反两个方面：是具有不同配价的相似态度。然而，正如我所提议的，我们应当不仅把谴责理解为一种对某个人的负面评价或评估，也要把它看成是对我们与他/她关系的一种特殊的理解。[26] 如果表扬表达了一种正面评价，它就不是我阐释的那种谴责的对立面。那么，这就产生了一个问题：谴责的正面对应物应当是什么？

最明显的例子就是感激。感激不仅是一种正面情感，同时也是一种意识，即意识到自己与某个人的关系由于此人的某个行为或态度而得到了改变。如果真诚地感觉，这就包括产生互惠的态度，后者由于这种被改变了的关系而成为恰当的。一般来说，这包含一种乐意去回应的态度——例如，当有需要时，你更愿意帮助一个出手帮助过你的人。

人们应当感激的事情不仅仅限于各种行为。当一个人生病或经历某些艰难困苦的事情时，他会对别人的关心感到感激。她与另一个人的关系会因为自己感受到这种特别的关心而有所改变，即便这种关心的表达并没有帮助到这个人。

如果一个人非常努力地试着去帮助你，那么即便她的努力并未成功，对她表示感激并更愿意帮助她也是恰当的。这便引出了一个
152 问题（该问题与上文所讨论的谴责和道德结果运气的问题相类似）：如果一个人成功地帮助了你，而另一个人同样努力去帮你但却由于外在的原因而未能成功地帮助到你，那么是否应当更加感激前一个人呢？如果感激与赞扬一样，是一种评价，那么这些情形中的那些恰当的回应之间就似乎并没有差别。然而，我的那种基于关系（relationship-based）的观点却认为有所差别，因为由于某人特别的慷

慨而受惠（就像被他的鲁莽所害一样），会改变一个人与他/她的关系。可是，此人的回应中应当如何体现这种差别呢？我本人的意思是，这里的差别并不是要体现为，他应当更加愿意去帮助他/她以作回报。这里的问题在于，在成功帮助的情形中，是不是还要求更多的东西——可能是一个礼物，或受惠人所得到的其它鸣谢。

我的论证所具有的优缺点

我一直呈现的论证解释了错误与谴责之关系的某些方面。它解释了为什么并不是所有错误都是值得谴责的，以及为什么并不是所有值得谴责的行为都是不可允许的。它还解释了为什么一个行为是否值得谴责要取决于行为主体这样做的理由；而正如我在前面几章中所论述的，不可允许性则并非如此。行为主体的行为理由（以及这样一个事实，即其它的考量不能算作是反对他这样做的理由），
构成了他对别人的态度，并在我给出的那种论证中具有谴责所包含 153
的那种含义。

它源于这样一种方式，其中谴责取决于某行为主体的理由；行为主体在什么情况下（如出于极度的恐惧）所做的行为能够影响到谴责，因为它们会影响到该行为是在何种程度上反映了行为者的真实态度。它也能推论出，谴责不仅在程度上有多少的区别，而且还有很多不同的方式；这些方式对应于我们理解一个人及其对他人的态度的不同方式。正如我已经指出的，谴责的内容（即某行为主体的行为对自己与他人的关系所具有的含义），同样会随着人的变化而有所不同，并取决于此人与行为者的关系以及我们正在讨论的行为。

“我们与一个人的关系是什么或应当是什么？”（或我们应当对她持有什么样的态度？）这个问题将我们的注意力转移到一些与她相关的事实上，这些事实通常被称为其品性的各个方面。因此，我

所提倡的这种论证解释了为什么我们应当认为谴责包含了对一个人品性的评价。不过，通过将这种评价内置于我们与此人的关系背景中，我的论证就解释了为什么这种评价不是一种毫无意义的“打分”，也不纯粹是谨慎的计量。它还解释了为什么只有某些方面的品性是谴责的相应基础。胸无大志可能是品性上的一种缺陷，然而，在我所倡导的那种论证中，**它本身**并不能成为他人对其进行谴责的理由。我们可能会由于一个人胸无大志而谴责他，因为这让他任由自己的家族没落下去；然而，这实际上可能是在谴责他没有尽
154 到自己的家庭义务。只有当某人与一个人处于某种关系之中且这种品性对他而言非常重要的时候，他对（某人）品性之缺陷本身的谴责才有意义。例如，一个教练或教师可能会谴责一个学生胸无大志。在这种情形中，谴责可能会自然地包括某种态度上的调整（这些态度是这种关系所包含的），比如不太乐意帮助这个学生完善他/她的各种技能。

一个人也能谴责**自己**胸无大志或其它的缺陷与过错。初看起来，这种谴责自己的观念给我的关于谴责的论证提出了一个难题；我的论证强调品性上有缺陷的被谴责者与他人的关系。不过，这实际上并不是一个问题。首先，我的论证可以轻而易举地囊括这样一个事实：一个人可以由于自己缺乏对他人应有的关心，而认为自己是**值得谴责**的。一个人可以判断自己是否值得谴责，就像他可以判断任何其他人、朋友或陌生人一样。在所有的这些情形中，这就是在判断，被谴责者与他人的关系受到了怎样的破坏。然而，当这个人是自己、当这个判断是关于自己与他人的关系尤其是关于他人有理由对自己所持有的态度时，这便引发了一种特殊的关心、后悔以及改变事物的欲望等。这些反应构成了对自己的**谴责**：由于自己对他人的态度和行为，他不再能赞同自己的情感和行为；相反，他必须赞同他人对自己的批评与指责。可以说，一个人不能成为自己的朋友。

这种疏远令人不舒服，因此，人们会想要通过继续赞同自己的态度（全身心地热爱自己而不顾“自己是值得谴责的”这一认知），而避免这种疏远。这样的人可能会脸上挂着姑息纵容的坏笑说：“我真是个坏家伙！”这种值得谴责的判断与其所要求的态度调整之间的背离，是一个人的第一人称的类似物，这个人仍然把那个对自 155
己不怎么样的人当作朋友。然而，在这个情形中，这种背离（即没有认真看待自己的过错），会伤害这个人与那些被其错误地对待的人们的关系，因此，这种背离本身也是值得谴责的。

一个人也会由于胸无大志这样的缺点而谴责自己，即便这样的缺点并没有影响别人。这就像我刚才一直讨论的那种道德上的自我谴责，其涉及一种自我疏远。然而，它也有所不同，因为它仅仅源于那种与自己的关系的伤害（不能指望自己），而不是源于与他人关系的伤害。

根据特殊的基本关系，还存在着其它形式的谴责，它们是道德谴责的延续，但却超越于道德谴责。例如，对某种价值观和原因的共同认同，能使某人与另一个他从未谋面的人（也有可能是生活在很久以前的人），建立起某种特殊联系。当一个人形成了某种观念或以某种方式促进了我们所认同的目的时，这个人就可能对我们理解自己的生活具有特殊作用。如果我们得知，这个人实际上并没有坚持这种价值观或并没有履行其作为这个团体之成员所应承担的义务时，我们与他/她的关系就会被伤害。这种伤害是依据某种关系而被衡量的，这种关系是我们希望或期待与那个跟我们共享某种价值观、历史或认同点的人所建立起来的关系。我们会感觉这个人并不是该群体中一个可靠的成员，而是一个懒鬼、叛徒、不忠者，甚至是个背叛者。这些都是与这些具体关系相关的各种谴责。 156

谴责对关系的这种依赖，也解释了对年轻孩子的谴责有什么不同之处。我们不会像谴责成人那样去谴责年轻孩子的粗鲁或以自我为中心。这并不是因为，对孩子而言，相应的行为标准有所不同。

我们不会对孩子说："你现在打人是没关系的，因为你还是个孩子；不过当你长大成人后，就别这样做了。"这里的区别在于谴责的维度，而不是可允许性。在某些情形中，我们可以这样来解释这种区别：我们不能期待年轻孩子能理解自己的行为结果，即预见这些行为的结果或理解这些结果所具有的意义。例如，一个孩子可能无法理解，为什么某种特定的评论就是粗鲁的或伤人的。因此，即便一个孩子和一个成人都有作出这种评论的意愿，也不能表明这个孩子跟成人有一样的缺陷。然而，这并不是一种充分的解释。即使孩子们充分理解了为什么不应当做某事，他们在做了这件事之后，也不会受到一个成年人做了这件事之后要受到的谴责。

我认为这里的解释在于：我们与孩子（自己的或别人的孩子）的正常关系，不同于我们与成人的关系。[27]我们与孩子的关系是不平等的，因为孩子相对而言不够成熟（包括道德上的不成熟）。这是一种监护性质的关系：我们要理解，孩子们还"正在学习"，并且我们要帮助他们成长。因此，我们与孩子的关系，就缺乏我们与
157 正常成人的关系所具有的那些因素——例如，我们就不会期待自己能在某些方面依赖孩子，且如果他们不能被依赖，我们与他们的关系也不会受到伤害。我们可能会表达出对他们的谴责，或至少是用一些通常能够表达谴责的词语；但是，这些词语具有的完全是一种教育性的功能，此处它们表达的意思不同于其在成人例子中表达的意思。例如，一个小孩打了别人或没有保守秘密的事实，并不能引发这样一个问题，即我们是不是应当不再与他交往了？得知不能指望某个人不去做这些事情的事实，会伤害我们与一个成人的关系，却不会（至少不会以这种方式）伤害我们与一个孩子的关系。

有些人可能会反对我所提出的这种对谴责的论证，因为在他们看来，这种论证太过薄弱或太过温和。他们会说，谴责某人并不仅仅是认为自己与被谴责者的关系像我所说的那样受到了伤害。如果一个人在从谴责者的角度来考察谴责时持有这种反应，那么我建议

从被谴责者的角度来考虑问题。如果你意识到，自己做了一件事让他人有很好的理由去重新理解他们与你的这种关系，并且他们也接受这种观点，那么这种意识就是一件严肃的事情。[28]同时，这种分析似乎完全吻合内疚的感觉：我们可以合理地把由于自己所做的某事而感到的内疚，理解为感觉到它伤害了自己与某些人的关系。根据我的个人经验，这些感觉绝不是薄弱的或温和的。

另一种对我的观点自然的反驳是，它并没有充分地解释这样一个事实：谴责总是**因为**某种行为。[29]基于我所给出的解释，“某人是值得谴责的”这一结论是这样一个结论，即它关系到此人看待 158
他/她与别人的关系的态度。这个人愿意做出某个行为就表明了这些态度，并因此为这个结论提供了证据。然而，我们能够基于其它的理由，如人们所说的或所赞同的，而得出关于他们的态度的结论。因此，就像我所描述的那样，谴责能独立于任何特定的、值得谴责的行为。[一种完全是评价性的、关于谴责的论述（如休谟的），就具有这样的含义。]

这里，在我的观点与我们要说的关于谴责的事物之间，可能会存在某种张力。然而，在这一点上，我们通常的关于谴责的观点并不完全一致。例如，即使基于某人日常的评论而不是他/她所做的事，我们也可以说“我们因为某人对他人比较冷酷而谴责他”。在这种情形中，我们谴责的不仅是他的评论，也是他这些评论所表达的态度；后者是值得谴责的，无论其是否被表达出来（因为在我们的感觉中，我们对自己那些未表达的态度是了然的）。

再者，即便我自己的观点中也蕴含了多种方式，其中一个人的行为具有某种特殊的地位以作为谴责的理由。正如亚当·斯密所写：“人们可能会说，我们能够解决甚至采取手段去完成许多事情；然而，当我们真的面对这些事情的时候，我们会觉得自己没有能力去完成。”[30]例如，哈克贝利·费恩（Huckleberry Finn）会坚称永远不会帮助一个逃跑的奴隶成功逃离，因为这就是一种偷盗。然

而，当这种情形真的出现时，他就发现无法拒绝吉姆。愿意或不愿
159 意行为的那种意愿，能够体现一个人的某些方面，而这是我们基于其它的理由所不能确定的。

行为具有某种特殊作用，它们能使谴责（与关于是否值得谴责的判断相对）成为恰当的。正如我所说的，谴责的意义取决于某人与被谴责者的关系。“某行为者错误地对待了一个人”的事实，使那个人及其朋友和伙伴们有理由去谴责这个行为者，而他们并不需要谴责世界上、历史上其他的那些同样值得谴责的人。正如我在讨论道德结果运气时指出的，“他造成了这一伤害”的事实，使该行为主体在他们的生活中起到了一种特殊作用。这引发了这样一个问题，即他们对他要持什么样的态度，并因此为他们的谴责提供一个理由，该理由并不存在于他们与那些他们不打交道的人的关系之中。

然而，一个人不得不与之打交道的那个人的态度，经常也会引发这个问题；其产生方式不需要依赖某个特定的值得谴责的行为。我们不得不判定以下问题：怎样理解我们与这个人的关系？赋予我们之间的互动以怎样的意义？因此，我们有理由把这些理解修正为：由于他/她的态度而谴责此人，即使这并不是谴责某个特定行为。

谴责与某件已经发生的事情相联系。它赋予一个人的所作所为以特定的意义。我们无法改变已经发生的事情，但这样询问却是有意义的：一个行为主体能够做些什么来改变甚至消除那些已经发生
160 了的事情所具有的意义呢？刚刚我已经提到了重新解释的可能性和这样一种可能性：论证该行为并不具有它所声称的那种意义。然而，如果重新解释是不合理的，那么我们能做什么来改变事物呢？这就把我们引到了宽容及其如何可能的问题。如果我关于谴责的论证是正确的，那么宽容就包括修复一种被伤害的关系（也可能是以一种改变的形式）。宽容所要求的是，谴责者在态度上作出改变，以使这种修复了的关系成为各方都能接受的。[31]

我那种关于谴责的说明的一个优点就在于，它能够自然地与一种合理的宽容观相吻合。不过，这种关于宽容的说明与我对谴责的解释共同拥有一个特征，它们似乎都是对以上两种说明的反驳，即它们并没有对类似愤恨这样的道德情感起到多大的作用。人们可能会认为，宽容主要就是终止愤恨和其它一些有敌意的感觉——没有这些，宽容就不能做什么了；相应地，谴责主要是拥有这些情感。在我看来，这两种主张都是错误的。如果我准备把某个人看成是再也不会与之打交道的一个人，那么我就是在谴责他；即便我这样做的时候并未怀有任何恶意的情感，可能我认为他根本不值得我生气。[32]当某人被这样“除去”的时候，即使没有愤怒或愤恨，也肯定有宽容要做的事情。

谴责局限于个体性的人类主体么?

我倡导的谴责观能够解释，怎样以及何时谴责诸如国家、单位、公司或组织等这样的行为主体而不是谴责个体性的人是有意义 161
的。为了对比，让我们首先考虑谴责无生命物体的可能性。假设我的地下室被淹了，因为沟渠抽水泵坏掉了。如果事实表明，之所以会这样是因为有一小块垃圾落入水泵了；你可能会说，我不应当谴责水泵。在我看来，我们可以把这解释为一种主张，即我不应当把这个过错看作是我改变对该水泵的态度的一个理由，而相应的态度要么是相信、要么是依赖。如果这个水泵就是不工作了，那么我可能有理由改变我的态度；而在目前这个案例中，相应的建议是，我并没有理由来改变自己的态度。

当然，我们有时候确实会对那些长期给我们提供“忠实”服务的设备怀有一种感情，比如一辆旧车，无论外面多冷，它每天早上总是能够发动起来。这是一种感伤情绪，因为在这样的案例（如刚才的水泵案例）中，能够适用的唯一“信任”的形式不过是一种期望而已。真正的信任并不是简单的期望，而是在回应某些理由或至少是感情（如忠诚、责任感、对他人利益的关心）的基础上建立的那种期望。汽车是可靠的，但却不是忠诚的，因为它们并没有感情，也不能对各种理由作出回应。因此，我会说，对于那些无生命的物体，我们只能在一种隐喻的意义上谈及忠诚、信任和谴责。

我们可以在类似的意义上理解对集体性行为主体（如国家、企业和其它单位）的谴责。然而，我们经常会认为对这种实体的谴责具有更多的道德内容。为了使这类谴责具有道德内容，我的那种对
162 谴责的说明会使我们需要对这些实体赋予一些态度（比如对待他人的感情，或对一些理由的回应），而我们对待它们的态度反过来也是回应性的。

将感觉或情感赋予国家或其它集体性行为主体是毫无意义的，除非其意义只是在于：大多数个体成员拥有这些感情。有些令人惊讶的是，在某些合适的情形下，将这些实体看作对各种理由的回应则更能说得通。这需要两个条件：第一，该实体必须是一个集体性行为主体，即在作出决定或采取行为时，必须要有程序性的或其它的标准；第二，这些决定或行为必须体现适当的规律性：当为某个行为提供各种理由的考量出现时，该实体一般必须要以该理由认为合适的方式去行动。要使这种情况不是偶然的，该实体就必须以某种方式组织起来，以使我们能够认为它是在接受相关的信息，并在以一种能够影响其决定的方式处理这些信息。

这种解释完全中立于我们所讨论的理由的内容。它们可能是一些完全与狭隘的目标有关的理由，后者被认为能够界定组织的自我利益。然而，这种对正当理由的回应，如某特定群体的安全或幸福，能够为一种针对某个集体性行为主体的信任态度提供基础，这种信任态度不仅仅是一种期望。那些体现该实体对这些理由漠不关心的行为会削弱这种信任，并正如我所阐释的那样，成为了谴责的基础。

有一个例子能够帮助我们阐释对集体性行为主体进行谴责的观念，及其与谴责个体性行为主体之间的关系。[33]假设一艘游轮沉没 163
了，许多人因此而丧生。这时会产生两个问题：我们有理由谴责游轮公司吗？我们有理由谴责此处涉及的每一个人吗？我认为在这个案例中，这两个问题大致对应于以下两个问题：我们有理由因为该游轮公司没有足够地回应相关的考量（或安全问题），而不再信任它吗（如撤销它的游轮运营证）？我们有理由不再信任这里所涉及的每一个人吗（如开除他们或撤销其从事目前岗位所需要的资格证）？

这些问题在结构上是类似的，但在深层次上却是相互独立的。它们可能会得到相同的回答，但并不需要如此。如果这次事故是由于某人（可能是维修部的主管，他允许游轮在出故障的时候航行；抑或是船长，他本来不应该在天气不好的时候离开港口）不负责任的决定所造成，那么我们应当谴责这个人（解雇他或暂停他的工作）。于是，其它问题的答案就取决于，该公司在雇用和监管程序中，是否事先应当辨别出这个人是不可依赖的；或是取决于，该公司是否事先应当具有自动防故障程序，后者会阻止某人所作的不好决定变成现实。

也有可能是，没有个体负有责任。例如，可能那个知道该游轮出了故障的维修主管的确以恰当的方式上报了这一信息，但由于公司内部交流不畅通，该信息并未传达给那些负责调度游轮的人或那
些驾驶该游轮的船员。如果真是这样，这就表明该公司的组织方式 164
使它不值得信任，它没有足够关注该游轮安全运行所依赖的那些信息。然而，我提到的这些个体都不应当被谴责。（公司上层的某个人是不是应当被谴责是一个更进一步的问题，因为他/她忽视了公司内部信息处理方式所存在的问题。）

接下来，我们理所当然要关注自己对大型组织的信任和忠诚的关系。公司花费了数百万元试图让我们对它有信任和忠诚这样的态

度，当某人想起与自己所用的洗洁精生产商有某种“关系”时，这似乎比感情用事更糟。然而，当我们说相信某些公司不会把有害成分加入其产品中时，未必是不合情理的；如果我们得知某些知名的公司这样做了，那么我们会认为它不再是市场中的一个值得尊敬的参与者。这种谴责将信任预设为是针对那正在被考察的既定关系的一种可供选择的、默认的关系。

这里我们应当区分两种对集体性谴责的质疑。第一种质疑是，我们是否总是能够将各种态度归给集体性行为主体，并对它们具有相互性的态度。第二种质疑是，是不是特定的态度（如信任）对特定的集体性行为主体或某种集体性行为主体（如公司企业）而言，是必要的。在很多情形中，这后一种质疑肯定是存在的。但是，如
165 果按照我提议的方式去理解，那么只有第一种质疑与谴责集体性行为主体的可能性相冲突。

当一个人从类似肥皂厂这样的实体转到那些声称是由非商业目的引导的集体性行为主体中时，当一个人在考虑那种来自个体——该个体与这些行为主体的关系要比消费者与生产商的关系更亲近——的谴责时，谴责集体性行为主体的可能性似乎是最为明显的。例如，一个人可能会因为认为某个大学或非营利组织认同某种价值，而非常高兴地为它工作。然而，如果事实表明，该单位并不认同那些它声称要服务的各种价值，甚至在行为中与这些价值相反，那么这个人就不再有同样的理由“与它相一致”，并愿意为它牺牲或为对它有所贡献而感到骄傲。这是一个很明确的、按照我提议的方式去理解的那种谴责的案例。

只有存在一些能够作出制度性决定的程序，一个集体性行为主体才可能会在我描述的那种意义上与某些理由相对应，并因此而在我倡导的那种意义上成为一种可能的被谴责的对象。仅仅是很多人的集合体则并不能满足这一条件，如民族团体并不能成为我的论证所倡导的那种被谴责的对象。因为它们并不作出一些决定以表明是

对一些理由的回应，所以除了在分配性的意义上之外，我们没有理由对这些团体表达任何态度（在这种分配性的意义上，说一个团体持有某种态度，也就是在说该团体的大部分成员都持有这种态度）。这不过是一种刻板印象而已。

在这个标题下还要考虑另一个问题，即对非人类的动物进行谴责的可能性。这里有两个问题：谴责非人类的动物的可能性和谴责 166
人类对待动物的方式的可能性。对于第一个问题而言，如果该动物的行为能够伤害一段关系，那么谴责就是可能的。我们养宠物的一点很重要的意义，就在于我们与它们之间具有或我们认为与它们之间具有某种相互信任的关系和情感。这种关系也为谴责提供了基础：如果你判定，你自己不能再信任你的狗或你的狗真的不怎么在乎你，那么在我看来，这就是一种谴责。然而，我们不能合理地认为自己与一般的动物，包括野生动物，都具有这种关系。因此，我们不能谴责它们对我们所做出的行为。

然而，缺少这种关系并不意味着，我们不能谴责自己或他人对待动物的方式。这些情形中的谴责，是在回应那些伤害我们与其他人类或与我们自己的关系的行为或态度。例如，如果我们认为农场养殖对动物所施加的伤害是很恶劣的，那么若我们没有回应这种不正当，这便会成为我理解的那种愧疚的理由——它会削弱我们那种全身心地认同自己的各种态度和决定的能力。

谴责的伦理

这种基于关系的对谴责的说明所具有的一个优点在于：它能够很好地解释什么能被称为谴责的伦理——也就是说，它能够很好地解释：为什么一个人会因为谴责了某人或没有谴责某人而受到道德 167
上的批判。

让我们首先来考虑这样一些案例，其中一个人因为谴责而受到了道德上的批判。如果我们不公正地谴责某人，那显然是值得反驳的；当理由不是那么充分时，我们可以这样说，一般而言，人们应当不要太急于谴责别人，而应当表达出一种“精神上的慷慨”，并表示出理解和宽恕。[34]有些人可能会更进一步地说，谴责是一种道德说教和过度的“评判性的”态度，而这在道德上最好避免同时出现。可能这样太过圣徒式的了，我们大多数人都无法做到，但如果我们能够避免谴责会更好。

这种观点从以下观点中获得其合理性，即谴责是评判他人，也就是给他人打出一个较低的道德分数。一旦这样理解，谴责似乎就处于一种不怎么吸引人的优越地位，成为了评判他人的道德法官。然而，按照我提议的那种方式理解谴责，它就不具有这种特征。基于我给出的说明，谴责需要一种道德评判，但这并不是一种道德上的打分。它会对一个人持有某种态度，这种态度源于这个人的行为，并被称作是对他/她与另一个人的关系的意义。由于在大多数情形中，这些关系是对称的，所以谴责并没有涉及那种具有优越性的主张。相反，它来自那些具有平等地位的关系内部，而且甚至是这些关系自身所要求的。

即使我们这样去理解谴责，它看起来仍然可能具有令人不快的
168 一面。它看起来太像是在孕育一种怨恨情绪，因此，如果一个人可以的话，最好能避免之。不过，这是一种误解。谴责可能会被推到一种极端，但如果彻底摒弃谴责，那么也会将与他人的那些珍贵关系排除在外。再者，这种拒绝本身也很可能会涉及那些应当被反驳的、与优越性和自卑相关的态度。

从分析由帕梅拉·希罗宁米（Pamela Hieronymi）所提出的宽容开始，会有助于我们要弄明白为什么会这样。她提出了一个问题，即我们怎么能在宽容一个人的同时而又不否认以下几点：1. 此人的所作所为是错误的；2. 他/她是要为自己的行为负责的人；3. 你有理由抱怨自己被这样对待。[35]希罗宁米认为这个问题

是可以解决的，只要这个人承认自己的所作所为是错误的，并采取措施以一种合理的立场来重新建立自己与受害方的关系。

如果彻底摒弃谴责，则会发展成一种对无条件宽容的期望和要求。在这种情形下，我找不到途径来解决希罗宁米所描述的问题。如果某人与另一个人的关系存在一些要求，而他/她可以不达到这些要求，那么对谴责的摒弃将要么会否认：那个人的行为会具有一些意义，而这些意义会伤害他们之间的关系；要么会否认：当这种情况发生时，此人自己态度上的转变是恰当的。前者（对条件 2 的否认）包含了对正在讨论的这个人所具有的一种优越性态度（就像家长对一个很小的孩子所具有的那种态度），并因此表明，他没有把此人认真地看作是二者关系中的一个参与者。而后者（对条件 3 169
的否认）则会涉及一种自卑的、贬低自己的态度。

这后一种情形是那种更为广泛的情形的具体事例，在这种宽泛的意义上来看，没有谴责某个人的行为会伤害此人与该行为的受害者的关系。假设鲍尔斯对文森特做了件很不好的事情。如果你知道了这件事，并能理解这是怎样糟糕的一件事；那么，如果你不谴责鲍尔斯——也就是说，如果你对鲍尔斯的那些意图和期望仍然与你对道德共同体中那些值得尊敬的成员的意图和期望是一样的，你与文森特的关系将会受到伤害。仅仅承认鲍尔斯的所作所为是不对的还远远不够。根据鲍尔斯对文森特所做的事情，你与他们两人的关系不可能同时不受到伤害。没有谴责鲍尔斯就是否定了希罗宁米的第三个条件，这是更宽泛的现象中的一些具体案例，在这些案例中，谴责者或没有谴责者也都是受害者。

在一些案例（如大屠杀或严重侵犯人权）中，似乎需要的不仅仅是谴责，还需要一些公开表达出的谴责。这就是为什么当这些行凶者未被惩罚且仍然被当作社会的普通一员时，这些罪行的受害者和他们的家庭会如此强烈地反对。他们的主张不仅仅是，我们应当对这些人感到愤怒和怨恨或这些人应当为此受苦（尽管许多受害者也希望这样)；其意思还在于，要求我们把他们当作值得尊敬的同胞而加以对待并接受别人也这样对待他们时，是不太合适的。

170 人们可能会说，在某些情形中，没有谴责之所以要受到道德上的批判是因为，人们有义务替行为主体去谴责他们；而在其它一些情形中，这个人又有义务替受害者去谴责。然而，这并不完全对。人们对这些行为者的“责任”，并不是去谴责他们，而只是不要基于某些理由而拒绝谴责。更精确地说，如果以他/她并非一个负责任的、其行为具有意义的行为主体为托辞而不去谴责他/她，那么这是值得谴责的（因为这涉及一段与某人的受到伤害的关系）。[36]如果基于他/她并不是那种有权利去抱怨这种对待的人，而没有谴责那些错误地对待他/她的那些行为主体，那么这是值得谴责的（因为这涉及一段与某人的受到伤害的关系）。[37]

无论这两种方式的“没有谴责”是否为不可允许的，它们都是值得谴责的。在这些情形中，被用来排除谴责的各种态度与那些重要的和他人或和自己的关系，是不兼容的。当这些态度被证明是正当的时候（当一个可能被谴责的人实际上不能做出有意义的行为，或当那个可能要谴责的人没有抱怨的资格），我们与此人之间就不存在那种会被这些态度伤害的关系。然而，当这些态度不能被证明是正当的时候，反对它们就是合理的，因为它们伤害了（与自己或他人之间的）那种重要的关系；这意味着某个人由于拥有这些关系而是值得谴责的。这是那种更具一般性的事实中的一例，这种更一般的事实是：不仅仅只有错误的行为，而且这些态度本身都是值得谴责的（也就是说，能表明那些受到伤害的关系）。它还解释了这样一个事实：人们可能会因为一些并非是选择的可能性对象而受到谴责，而可允许性问题因此并不适用于该事实。

171 我一直在考虑一些方式，其中与行为主体或受害者的恰当关系，能够排除那种在整体上拒绝谴责的可能性。然而，也存在这一些情形，在这些情形中，我们与行为主体的关系不利于谴责他们或要求我们去修饰或修改谴责。一种这样的情形存在于父母与他们的成年孩子之间。即使父母必须承认其成年的儿子或女儿的所作所为是值得谴责的，但作为父母，他们继续给出同情和正当的鼓励，继续努力为子女寻求最好的并愿意给子女“第二次机会”，这都是恰当的。这些态度可能是对好父母的一种要求，即使陌生人可能合理地将他们的儿子或女儿看作是不能与之打交道的人。

当然，也存在着这样的事情：父母**过于**愿意忽视自己孩子的过失和**过于**不愿意忽视自己孩子的过失。人们可能会说，恰当的方式取决于平衡两种关系，即父母与孩子（施害者）的关系、父母与受害者的关系。然而，这种关于平衡的隐喻，在很多方面是不充分的。

第一，将自己看作一个家长（以及有理由是个好的家长），就是认为自己有理由去做我刚刚提到的那些事情：有理由对自己的子孙表示同情并给出鼓励，即使（或尤其是）当他们犯错的时候；有理由希望他们获得最好的；有理由信任他们并再给他们一次机会，而不是像陌生人一样把他们排除在交往对象的范围之外。

第二，只要一个人有理由认为自己是另一个人的家长（标准意义上的而不仅是生物学意义上的家长），以及有理由认为自己是个好的家长，那么他实际上就**具有**以上列出的各种理由。 172

第三，如果一个人的所作所为的确很糟糕，那可能会破坏之前的论证：它可能会为我们在道德上否定他/她提供理由。然而，亲子关系是非常牢固的，是无条件的，并且比友谊等其它关系更加不容易被破坏。

第四，我提到的各种理由，限制了其他人对一个家长的合情合理的要求。受害者能够合情合理地要家长承认自己要求的合法性，并承认其子女的所作所为是值得谴责的。不过，他们不能合情合理地要求家长像一个陌生人会做的那样，疏远自己的子女。因此，当被要求作出谴责的人是犯错者的家长时，加害者之间的正常关系与受害者之间的正常关系之间所具有的那种不相容性就会被改变，我在上文讨论鲍尔斯与文森特案例的结尾处曾提出过。

第五，因此，为了判定当一个家长谴责时我们能够期望什么，我们需要询问两个问题。我们应当询问，这种错误是不是足够严重以至于破坏了一般的亲子关系。如果没有那么严重，我们就应当询问，一个好的家长需要什么样的忠诚与支持。在某种程度上，这两个问题各自的答案取决于，这个儿子或女儿所做的事情在多大程度上是值得谴责的，并因此与受害者的要求所具有的力度相对应。不过，这些都是与亲子关系所具有的要求和限制有关的问题，而不是那些需要通过权衡这种关系与某些相冲突的价值才能回答的问题。

在我看来，“一个人与他人的关系可能会限制通过某种方式改
173 变某人意图的可能性，我认为这种方式是谴责所包含的”这个事实，是一个问题。[38]可能会有这样一些情形，其中谴责显然是恰当的，但却没有余地来改变一些态度，而这些态度又构成了我解释的那种谴责。例如，假设我那 22 岁还依然住在家里的儿子驾驶的时候很粗心大意，总是把我的车碰得坑坑洼洼、满是刮痕。我要是为了这个去谴责他当然是恰当的；不过，根据我的说明，这种谴责又能构成什么呢？对我来说，决定不再相信他开车是很自然的事情。不过，他上下班需要这辆车，所以作为一个支持孩子的家长，我不能不把车借给他。因此，此处唯一有谴责余地的，就在于一种负面评价（判定他是粗心大意的）和一种道德情感（愤怒的感觉）。我并不否认谴责所包含的这些要素之间的关联，但我认为，即便是在这样的案例中，它们也不是谴责的最重要的组成部分。在我所关心的意义上，一段关系不仅在于人们所做或打算要做的，还在于人们做这些事情的理由。即使我不得不让我的儿子开我的车，但这并不说明我信任他。相反，我让他用我的车是因为我应该这样做，即便我并不信任他。一般人可以期待的与这么大的儿子之间所具有的那种关系，我与我儿子之间则没有；其中一种就是相互关心并负责任地共同使用家庭资源。我们的关系因此受到了伤害，但完全脱离了任何我可能具有的愤怒感和憎恨感。

一种类似的分析可能会解释，谴责如何能由于其它一些具体的关系（如友谊、对某个共同理由的认同以及其它类型的忠诚），而成为恰当的。我以上第五点所提到的那些问题的答案，在这些案例 174 中当然会有所不同，这取决于所讨论的关系是什么。具体而言，第一个问题（即关于破坏所有这些关系的可能性的问题）的答案，在亲子关系的案例中可能会大为不同，因为其它关系可能会更容易被一个人的所作所为破坏或终结。

在政治中经常会出现一些情形，其中谴责的意愿可能会被忠诚所抑制，而没有谴责本身又是值得谴责的。政治领导人和那些政党及其它组织的代言人，经常不愿意承认其同胞、同党或族员的错误行为。如果他们急于谴责不属于他们团体的那些人的类似错误，那么上述的这种拒绝谴责就可能会被批评为前后不一致或伪善。不过，这在其它方式中也是值得谴责的。与亲子关系不同，政党成员间的关系并没有为谴责提供一个很好的理由。一个政党的成员可能会有理由出于团体的荣誉和政治上的算计，而拒绝谴责政党内部那些犯罪的人或与他们决裂，以维持正当内部的团结。然而，与亲子间的那种忠诚并不相同，这些正当性证明是受害者没有理由接受的。因此，在这些情形中拒绝谴责，就对立于与这些受害者的正常关系。也就是说，这是值得谴责的，尽管在一些情形中是一种狡猾且见利忘义的政治策略。

这些情形所涉及的值得谴责的情况，并不是一种集体性的罪恶，尽管人们会混淆二者。其关键点并不在于，那些拒绝谴责其同党所犯过错的人，并不因此与那些犯错者共同承担那种罪恶。相 175 反，他们与受害者的关系，相应地（但却不是很严重地）受到了伤害。（之所以不是很严重，是因为：那种愿意去做不正当之事的意愿，比那种不愿意谴责自己成员做这些不正当之事的意愿，更能伤害一个人与受害者的关系。）

现在，我将从“谁必须谴责”的问题转向“谁有资格谴责”的问题。我已经论述过，关于是否值得谴责的判断，是一个与个人无关的判断。它是任何人都能够作出的判断，无论他/她与该行为者有什么样的关系；而谴责，如我所说，则更具私人性。由于它接受这样一种观点，即一个人的态度（通常这些态度体现在此人的所作所为中）伤害了他与另一个人的关系，而谴责的内容则有所不同，这取决于这些关系是什么。“谴责以这种方式取决于关系”的事实，解释了一个人谴责的立场是如何被削弱的。

这种削弱在下列情形中最为明显：现在这个将要作出谴责的人曾经对被谴责者非常糟糕，其行为的恶劣程度与现在这个被谴责者的行为是一样的。举一个温和的例子，假设我们是朋友，我经常毫无理由地在我们约会时严重迟到，有时候还会没有任何前兆地根本就不出现。假如在某次约会的时候你没有来，我便愤怒地抱怨说，朋友不应当这样对待彼此。我说的可能是对的，然而我却没有资格
176 这样抱怨。这并不仅是因为我前后不一致，对你采取一种标准而我自己却不遵守；或是我伪善地对你采取一种标准，而我自己的行为却表明我实际上并不接受这种标准。这些事情可能是真实的，但还有一个更深层次的问题。我不能抱怨说，你放我鸽子的这种意愿体现出的那些态度伤害了我们的关系，因为构成这些关系的那种相互的期望和意图，早已被我过去的那些行为所多次体现出来的类似态度给伤害了。[39]如果我在谴责你的同时，非常诚恳地跟你说，我过去这样对你是不对的，那么事情又会稍稍有所不同。这就会消除我目前这个评判中的不一致性，不过它本身并不能恢复我谴责你的资格。如果有什么事情可以做到，它就不得不涉及一些超越谴责本身的东西，比如在最低程度上给出令人信服的证据表明我已经认识到自己的错误，并在以后的行为上会有所不同。[40]

一个人能谴责的资格，同样也能够被他对他人（这个他人不是其所谴责的人）所做的事情削弱。假设你对某些人撒谎并偷了他们的东西，而因此伤害了他们。如果我同样由于撒谎和偷盗感到愧

疚，那么这就削弱了我谴责你的行为的能力。[41]像以前一样，我们可能会这样来解释：如果我谴责你，那就是前后不一致或伪善。然而，这里涉及更多的事情。在谴责你的时候，我会认为，你愿意这样行为的那种意愿使你成为一个我不能对你持有某些意图（如信任你和依赖你的意图）和期望的人，而这些意图和期望构成了正常的道德关系。然而，由于这些期望和意图是**相互的**，因而我自己的行为就已经表明我不能成为这些关系的参与者。我不能被信任的方 177
式，与你不能被信任的方式是完全一样的。因此，我这样说便是不对的，即正是你愿意这样行为的意愿体现出你是不值得信任的，并因此伤害了我们之间的道德关系。

柯亨（G. A. Cohen）指出了其它一些方式，其中一个人能谴责的资格可能会被削弱。[42]例如，他论述道，如果你让我去做一件事、命令我去做这件事或有意帮助我做了这件事，那么尽管你能够正确无误地说，我的所作所为是错误的并且值得谴责，但你并不能谴责我做了这件事。[43]可以像解释上文我讨论的那些例子一样，来解释这件事。你参与了我所做的事情，这表明你赞同我所做的事情。因此，你就不能说，那妨碍你我之间建立可能性道德关系的，就仅仅是**我的**那种同意做出这样行为的意愿。由于这些关系是对称的，所以你自己的意愿也同样成为一种妨碍。

柯亨还讨论了另一个稍稍有些不同的情形：其中一个人之所以做了某件不正当的事情，部分地是因为另一个人错误地剥夺了他追求重要目标所需的那些合法的手段。即使这并不能证明第一个人的所作所为是正当的，但这也使第二个人不能谴责他。例如，假如你为了强迫我考虑某些你希望我能够加以考虑的抱怨或提议而不停地打扰我开会，那么我就可以非常正当地反对你这个行为，因为这与我们之间的那种恰当的关系并不相容。我可能会说，我们应当更加文明地通过陈述理由来解决这样的事情，而不是试图胁迫我。当我这样说的时候，我是完全正确的；尽管这样的情形也是真实的，即 178

早先在你以一种文明的方式跟我陈述时，我错误地拒绝考虑你的情况。不过，如果我的确拒绝了你，那么我现在就不能谴责你的行为，即便这种行为是值得谴责的。这是因为，我不能说，只是**你的**态度伤害了我们之间的关系。

柯亨认为这解释了，为什么有些政府官员会没有资格去谴责恐怖主义。恐怖主义的政治目标尽管具有合法性，但所做的是不正当的；可即便如此，如果相关政府阻止这些恐怖分子通过合法的手段来追求自己的目标，那么这些政府官员可能也没有资格谴责恐怖分子的这些行为。（这并不是说，这些恐怖分子不应当被谴责，比如那些受害者的家人可以合情合理地谴责他们。）

与此类似的这些考量解释了，“一个人在童年时被虐待”的事实，能够改变我们由于他后来做的那些事情而谴责他的方式，即便这些事情也是非常糟糕的。我认为谴责并不能被这个事实所削弱，即一个人无法控制的那些使他成为现在这个样子的因素；同样不能被这个事实所削弱：即基于他现在所是的这种人，他无法理解那些反对他日常行为方式的理由。[44]然而，即使“一个人在童年时被虐待”的事实，也并不能免除他的责任，并使我们对他的谴责成为不恰当的；这个事实以一种很重要的方式与谴责相互影响。“一个人被虐待”的事实，能够改变我们与他的关系，这种改变方式与柯亨讨论的那些非常相似。

盖瑞·沃森（Gary Watson）在讨论杀手罗伯特·哈里斯时表达了一种类似的观点。哈里斯狠心残忍得令人不可思议。然而，但当我们得知他在童年时是如何被虐待的时候，沃森说道：“我们无
179 法对他的生活形成一种总的观点，这种观点允许那些反应性态度毫不矛盾地持续存在……我们对那个小男孩的同情与我们对现在这个男人的愤怒并不一致……实际上，这两种反应都是恰当的，但把它们放在一起的时候，它们使我们无法连贯地做出总体性的回应。”[45]正如沃森所说的，哈里斯过去被虐待的事实并不能消除或

减少他现在值得被谴责的程度。这些事实并不能改变这样一个事实，即他是一个狠心的杀人犯，我们应当再也不信任他。然而，它们却给这种描述增加了一些东西，并使我们对他的回应更加复杂化了。这不仅仅是我们对哈里斯（或对他的童年）感到同情，而是我们与他的这种被改变了的关系，由于他曾经被“道德共同体”（而不是我们本人）虐待的事实而变得更加复杂了。这改变了谴责的某些方面，就像柯亨提议的那样。它并没有完全剥夺我们谴责他的资格，但它需要我们更加复杂地修改自己对他的态度。这便引发一个与这里所需要的谴责有关的问题。

谴责与自由

许多人认为，谴责预设了自由；因此，如果某人的所有行为都是由一些外在于他的、他无法掌控的因素所导致，那么我们谴责他就是不恰当的。通常这里并没有解释，为什么应当这样——或者说，谴责中的什么包含了这种对自由的要求。[46]在这一节中，我将考虑两种可能的解释，我称其为**心理上精确性的要求和有充足的机会以避免的要求**。我的目标在于考察这些认为谴责需要某种自由的 180
理由，并试图弄明白，当像我那样去理解谴责时，这些理由如何适用。

心理上精确性的要求是简单直白的。既然谴责取决于行为主体这样做的理由，那么谴责所需要的判断就会被一些因素所修正或削弱，这些因素改变了我们对这些理由是什么的看法。[47]那些错误的信念和强迫就是这种因素。“一个人的行为方式伤害了他人”的事实，似乎表明了一种值得谴责的缺乏，这种缺乏就是对他人利益的漠不关心。然而，如果该行为主体理性地（尽管是错误地）认为这个行为不会有害，或为了避免那个人不遭受更大的伤害而做出必要的行为，那么心理上精确性的要求就会阻碍我们得出上述结论。

与此相类似，如果一个故意伤害别人的行为者平白无故地或是因为对这个人的利益漠不关心而伤害了此人，那么她就是值得谴责的。然而，如果该行为者之所以造成伤害，仅仅是因为有人用极大的伤害威胁她这样去做，那么她就不是值得谴责的，或是只能受到另一种不同的、更轻微的谴责。例如，当银行柜员在受到极其严重的、致命性的武力威胁时，把现金交给抢劫银行的人，是不应当受到谴责的。

人们经常会说，在这些情形中，强迫使谴责成为不恰当的；这是因为当行为主体是出于压力而行动时，她就不需要为自己的所作所为负责。在我看来，这是错误的。强迫并不能消除责任；相反，它只是改变了该行为者所要负责的内容。当一个人（例如我刚刚提到的那个银行柜员）被强迫时，她仍然是在行动，并且是出于某些理由在行动。因此，这个人要为自己的所作所为**负责**；也就是说，
181 她的行为完全归因于自己。她甚至还应当得到表扬，因为她非常冷静而小心地处理了一种危险的境况。

强迫并不能消除责任；相反，它可能会改变一个行为的可允许性或谴责的类别（如果有，会使之成为恰当的）。例如，在银行柜员的案例中，那种伤害的威胁能使她交出钱的行为（这种行为原本是错误的）是正当的。即便强迫并没有使一个人的所作所为成为可允许的，它也会改变那种恰当的谴责。平白无故地对一个人造成伤害，是一回事；出于害怕对自己造成伤害而这样做（即使是无理地这样做），则是另外一回事。第一种改变（对可允许性的改变）之所以会发生，是因为强迫改变了这里该行为者做出这些事情的理由；而第二种改变（在是否值得谴责方面的改变）之所以会发生，则是因为强迫改变了该行为者这样做的理由。

因此，心理上精确性的要求能够解释，缺乏自由是如何使谴责成为不恰当的，或是如何改变它所要求的那种谴责的。然而，就像在以上所举的强迫性案例中那样，只有当自由的缺乏改变了一个行

为与该行为者之态度的关系时，上述解释才得以适用。正如很多人已经指出的，一般因果论中包含的那种对自由的缺乏，并不一定要有这种结果。[48]即便基因和环境的因素能够充分解释我们的态度和行为，可事实仍然是，我们拥有这些态度，并且其体现于我们的行为之中。

相容主义者有时会据此推断，若是认为道德评价需要从外在理由的决定论那里获得自由，那就是一种错误。例如，休谟认为，那 182
种认为道德评价与因果必要性不相容的倾向，源于没能区别他所谓的自发性的自由与冷漠的自由。[49]在他看来，我们缺乏冷漠的自由：我们的行为被一般的因果律所支配。实际上，休谟认为道德评价取决于这一点，因为它取决于行为与它们所表达的各种态度之间的普遍联系。然而，这并不意味着我们缺乏自发性的自由，即我们总是**不情愿地**在行动。自然法则并不具有强迫性。

用我的话来说，休谟似乎认为，他所说的“必然性”（我们行为的因果决定论）只能通过剥夺我们自发性的自由而削弱道德评价，并因此与心理上精确性的要求相冲突。因此，他认为，既然支配我们行为的因果律的存在并不具有这种影响，那么在道德责任和因果决定论之间就并没有冲突。这种观点依赖于这样一种假设：心理上的精确性是唯一的基础，在这种基础之上，道德责任可能会需要自由。根据休谟对谴责的论述，可能的确是这样（他认为谴责不过是对某行为者品质的一种不赞成的情感）。然而，如果我们用其它方式来理解谴责，那么心理上精确性的要求就可能并不是认为谴责需要自由的唯一理由。

例如，盖伦·斯特劳森（Galen Strawson）就认为，要能够恰当地谴责一个人做了具有危害性的罪行，仅有如下原因是不够的，即该行为应当在实际上表达出某些应当受到谴责的态度，如对他人生命的冷漠和想要他们受苦的欲望等。该行为者必须还要有意识 183
地、明确地选择成为这样的人，即具有这些态度并根据这些态度而行动。[50]斯特劳森认为这是由于他心中存有一种特殊的道德评价：

“如果我们有那种道德责任，那么至少这样假设是**有意义的**：用（永恒的）地狱里的折磨来惩罚我们中的一些人，而用（永恒的）天堂里的福音来奖励另一些人，可能是公正的。”[51]

上帝让人们因为自己的罪而遭受一种永恒的折磨，但如果上帝这样安排好了，以至于人们肯定会犯这些罪，那么这就说不通了，或是值得人强烈反驳的。在这样的情形中，那种心理上精确性的要求不会被违背。那些即将被惩罚的人会真的犯了一些道德过错。因此，就必须要有其它的一些理由来解释，为什么这种惩罚会如此令人不满？在我看来，使之令人不满的原因在于这样一个事实：人们在任何一种情况中都不能避免这种可怕的惩罚。

我们有必要去理解在这里起作用的那种道德观念的结构，我将其称为“有充足的机会以避免的要求”。这种需要适用于这样一些情形，其中有人遭受了某种痛苦，而这种痛苦是一般人都有权不应当遭受的。（我将把这种权利称为“潜在的义务”。）如果遭受了这种痛苦的某人抗议说这种义务被侵犯了，那么我们至少可以部分地回应说，他/她有充足的机会通过恰当地选择来避免这种伤害。的确，我们需要更多的东西来充分回应这种抗议；然而，至少在很多情形中，对这种避免的机会的诉求，是任何充分的回应所必需的重要组成部分。

184 在地狱的案例中，我们当然需要更多的东西。我们需要充分的论证来安排各种事情（当事情不需要这样安排的时候），以使某些人将遭受一种永恒的折磨。**仅仅**说“那些受苦的人本可以通过理性地选择来避免这种苦难”，是远远不够的。不过，给人们提供充足的机会以避免这种命运，**至少**是一种必要的条件。我们至少要能够对那些受苦的人说，这种命运本是他们可以通过理性地选择来避免的。因此，如果人们要维护“地狱应受到谴责”的这种观念，那就不得不拥有充足的机会以避免被谴责（至少是以这样一种方式，其中将地狱看作是一种惩罚）。

有充足的机会以避免的要求，并不是一种应得的观念。这种观念并不是说，那些没有作出明智选择的人遭受到某些伤害，就是恰当的或合宜的。其要点仅仅在于：如果他们的确遭受了这些伤害，但若他们曾经拥有充足的机会通过恰当地选择来避免这一结果，那么他们对允许这种伤害的人的抱怨就可能被削弱；并且至少在某些情形中，除非那些遭受这些伤害的人曾经有这样可以避免的机会，否则允许这种伤害发生在道德上就是值得反驳的。

我这里的主题与天堂和地狱并不相关，而是一种更加温和的谴责观。[52]然而，人们有很好的理由不喜欢谴责。因此，它可能被人们看作是有权不遭受的对象，并因此看作是能够适用于“平等机会以避免”这一要求的对象。如果谴责被看成处罚，就更是如此了——这种处罚是一种令人不愉快的待遇，它需要正当性证明，并被它对人们的行为所造成的结果而证明为正当的。

当人们按照我提出的那种方式去理解谴责时，上述推理就无法 185
适用了。要弄明白为什么会这样，就要首先考虑：当我们把谴责仅仅理解为一种负面评价或休谟所说的那种不赞成的情感时，为什么上述推理不能适用。即使这样理解，人们也有理由不喜欢谴责。我们不希望人们给我们与他们之间的关系下一个（或是有根据地下一个）负面结论。我们有理由希望他们不要下这样的结论，即使这些结论永远都不会被表达出来，也永远不会以任何方式影响他们对我们的行为。然而，只要他们有理由认为自己是对的，我们就没有权利要求他们不要下这样的结论。既然我们没有这样的权利，那么就没有必要诉诸这样的观念，即我们曾经有“充足的机会以避免”被谴责。当我们这样来理解谴责的时候，心理上（和道德上）的精确性便提供了谴责所需要的所有正当性证明。

这种对谴责的说明存在的一个问题就在于，对于谴责的参与者或谴责的对象而言，它没有公平地对待谴责的严肃性。谴责不仅仅是一种道德打分。再者，人们可能会怀疑，这种对谴责的评价性解释所具有的浅薄性，解释了它为什么不能需要“充足的机会以避免”；而那种捕捉到谴责所具有的严肃性的解释，则会触发这一需要。那么，此处的问题就是，我们该如何理解谴责所具有的“严肃性”或“分量”呢？

一种我们熟悉的、赋予谴责以更大意义的方式，就是将其解释为一种处罚，即一种待遇；由于人们不喜欢它，所以人们用它来影
186 响行为。[53]然而，这一提议具有以下两个相互关联的问题。第一问题是，“谴责是一种处罚”的这种观念本身，并不能赋予谴责以更重要的分量或严肃性。它预设了谴责是人们有理由想要避免的事情，但没有提供或增加说明这一理由是什么。人们可能会说，这里加入了某些东西，因而这样的说明都集中于谴责的**表达**，而这尤其令人不快。没有人喜欢被批评。然而，如果一种纯粹的评价性解释没能表达出谴责所具有的意义，那么它似乎就没能充分解释，为什么人们希望避免成为谴责的对象。

第二个问题是，谴责（除了那些特殊的谴责）本身似乎就具有一种严肃性，这种严肃性不仅仅是一种评价，也并不是由它作为处罚或判断所构成的。甚至大多数关于谴责的表述，都不能被理解为处罚。关于谴责的表述，可能会影响行为，但他们一般都具有不同的目的，如表明这样一个事实：我们与一个人的关系由于他的行为而被改变，或是开启一种方式以修复这段关系，抑或仅仅是为了维护自己的尊严。在大多数情况下，这些目标都是我们的首要目标。一般而言，我们表达道德谴责的目标并不是为了强制各种道德要求。

我提出的这种说明，解释了谴责如何能具有一种超越于评价的严肃性，并且不需要那种涉及“有充足的机会以避免的要求”的正当性证明。谴责一个人就是具有某些态度和意图，那个人的过错对
187 自己与他人的关系所造成的伤害，使这些态度和意图成为恰当的。这在不同的情形中可能会涉及不同的东西，包括：拒绝或减少信任和依赖，将某人看作是合作性关系中不合格的（或不那么合格的）

朋友或参与者，改变自己对此人行为所具有的意义的看法并改变自己对与这个人之间的互动所具有的意义的看法，甚至当这个人诸事顺利的时候不再为他感到高兴并且不再希望他万事如意。

谴责的这些要素剥夺了一个人有理由想要的各种事物，然而这些事物并不是任何人都可以无条件拥有的。我们没有义务一定要信任某个人或与他成为朋友，而无论他如何对待我们；我们也没有义务一定要重视或认真地与他对话，而不管是哪些原因左右了他的决定；我们更没有义务一定要以他的幸福为乐，而无论他对别人可能会持有怎样的态度。只有当这些人的态度使这些态度成为恰当的时候，这些态度才是恰当的。当这些态度是不恰当的时候，我们没必要进一步论证拒绝给出这些态度的正当性：我们没有必要诉诸这样做会带来什么样的有利结果；也没有必要声称，此人有充足的机会以避免这一损失。

在涉及某些谴责的表达时，事情可能会稍有不同。一种特定的谴责的表达方式所导致的不快与痛楚，可能会成为反对某些补偿性正当性证明的一个理由。而这种正当性证明有时候可能会部分地诉诸这样一个事实（如果这是个事实）：此人本可以避免被这样谴责。如果我们严厉地谴责一个人所无法避免的错误，那将是残忍的，尤其是当他无法理解自己的行为所招致这种道德反驳所具有的力量的时候。[54]然而，并不是所有谴责的表达都会受到这样的批判。向某 188
人解释为什么人们不能再信任他则不残忍，即使他自己不想要成为不值得信任的人。

我关于谴责的论证，在某种意义上（我认为人们应当理解该术语）而言，是一种基于应得（desert-based）的观点。也就是说，我认为谴责包含了对一个人的各种态度，这些态度的正当性证明只取决于此人的态度，后者使这些态度成为恰当的；并且我认为我们没有必要诉诸其它的正当性证明，例如谴责具有的有利结果或此人本可以避免遭受批评等。[55]就像拒绝建立友谊一样，谴责的正当性仅仅取决于这个人是什么样的人。

在早年的作品中，我接受了一种较为狭隘的、不那么讨人喜欢的应得观。在《我们彼此负有什么义务》（*What We Owe to Each Other*）一书中，我将“应得理论”等同于这样一种观念：“一个人做了某件道德上有错的事情，那么在道德上看来，他/她应当遭受某种结果上的损失。”而且，我当时认为这种观点“在道德上是站不住脚的”[56]。我现在的谴责观，并不是这种应得理论的例证。某人做错了事情的事实，能使人们恰当地拒绝对此人表达相应的态度并不与他建立相应的关系，而这种拒绝可能会使这个人的生活变得更加糟糕。然而，在我看来，这种拒绝是由“它们已经变得不恰当”的事实，而不是由“这样拒绝会使这个人的生活变得更加糟糕”的事实证明为正当的。不再希冀一个人诸事顺利可能是谴责的一个要素，但正如我已经强调过的，这并不等于是在认为，他要是诸事不顺就太好了。甚至希望他变得糟糕也不一定要包含这一点。
189 （就好比一个人希望自己的朋友中奖，并不等于认为自己的朋友中奖要比别人中奖更好。）

我仍然反对那种应得理论。但是，将应得等同于这种特殊理论，于我不再有益，对那种应得观念而言也不再公平。还有其它一些更合理的观点，它们自身所具有的那种特殊的辩护结构，使我们能合理地将其归为是以应得为基础的。我的观点与道德报复主义之间的区别，并不在于形式上的不同（它认为谴责是由于构成了道德要求的基础而是正当的），而是在于内容上的不同。道德报复主义是不合理的，因为它不合理地认为，即使最基本的道德要求（如那种不要对他人造成严重伤害以及当人们可以的时候应当阻止类似伤害的那种要求），都是有条件的，而那些在态度上伤害了自己与他人的关系的人，则不能享有这些道德要求。

如果谴责只包括我所描述的那种态度上的改变，那么我们诉诸“这种态度上的转变是恰当的”的这种观念，就能证明它是正当的；

或者，当我们说明了某行为主体是什么样的人，就能要求这种态度上的转变。[57]诉诸“何谓‘恰当’或‘合宜’”这一观念的正当性证明，会遭到一种反驳，因为它们会诉诸无组织的直觉，除非以某种缺少严肃的规范性力量来补充它们。我提出的观点——通过将这一观念的恰当性置于一种特殊关系的观念之中（这些特殊关系解释了这里正在讨论的那种规范性力量），赋予了这一观念以更多的结构性（并因此缓和了上述的那种反驳，如果不能肯定地说避免的话）。[58]如果要求我们随时准备与那些已经表露出对我们的利益毫不关心的人，建立那些信任与合作的关系，建立各种友好的关系，那这要求就过高了。这样做甚至是自降身价。因此，那种对“何谓 190
恰当”的诉求，充分解释了我们为什么要悬搁这些态度。如果仅仅诉求于“何谓恰当”，以证明对那些曾经非常残忍地对待他人的人施加伤害是正当的，或是证明当这些人处于危险之中时拒绝救助他们是正当的，那么这就不太合理了。恰当性的观念本身似乎太薄弱了，以至于不能承载这种正当性证明所具有的分量。

这种正当性证明所具有的那种显而易见的不足，可能在道德报复主义的拥护者们与不相容主义之间作了划分。因为他们认为道德上应当谴责，意味着一个人失去了那种避免受苦的权利，因此，他们总结：为了要成为值得谴责的，就不能仅仅限于某一种方式，人们还必须要有充足的机会以避免成为那样的方式。正如盖伦·斯特劳森所说的，人们必须要是有意识地、自由地选择了这种方式。这表明了，我现在提倡的基于应得的观点转向了有充足的机会以避免的观念。

这里我们有必要问一下，除了我提到的两种道德观念（心理上的精确性与充足的机会以避免），还有没有其它的道德观念被看作是在应当谴责和自由之间建立了一种道德联系。我认为是没有的，但我会考察三种观念，它们与“什么会将人引向这一方向”有关。

不同于诉求充足的机会以避免，那种“一个人必须是自由地、有意识地选择了使自己所是的那种方式”的要求，可能内在于相关的应得观念之中：为了使谴责成为恰当的，作出这样的选择可能部分地体现出该行为者是**什么样**的人。这里，我们应当区分两种对
191 “一个人选择了要具有某些特征”这种观念的解释。

第一种解释在那种纯粹心理学意义上引入了选择的观念。如果某个事物源于一个人根据自己的真实喜好和价值观（或可能是他经过再三考虑而认为这些是自己的喜好和价值观）而有意识地作出的选择，那么他就是在这种纯粹心理学意义上选择了这个事物。然而，人们可能会说，如果那些反应性评价所依赖的各种态度本身并不是由该行为主体选择的，那么“某人在这个意义上选择了要持有某些态度”的事实，从那种要成为道德评价之基础的意义上来看，并不能使这些态度完全成为他的。这便引向了第二种解释，根据这第二种解释，那些作为谴责之基础的各种态度就必须在终极层面上是那些由行为主体在一种更深层次上“选择”而来的，而这种更深层次的选择独立于该行为者所选择的任何非自身的因素。[59]

正如盖伦·斯特劳森所论证的，这种更深层次的选择观是不连贯的。人们作出一个选择时必须要依赖某个优先于该选择的基础，而当这个选择反映出这个基础并因此表达出该行为主体是什么样的人时，它才是有意义的。即使可能会有一个缺乏这种基础的选择，它也会缺乏意义，因为它不会反映出与该行为者有关的任何东西。它将反映不出任何东西。[60]

斯特劳森从中总结：无论我们是否具有自由意志，道德责任都是不可能的。然而，他所认定的那种不连贯性也应当让我们暂且不要急于推论说：我们必须从这种更深层的意义上来选择道德评价。
192 为什么我们应当认为，一个行为者出于那种纯粹心理意义上的选择不是道德评价的充分基础呢？

这个问题的答案可能是：如果一个行为者的选择本身是基于他/她的这样一些态度——这些态度是他/她没有选择的，那么我们要是根据这个选择的基础而来评判他/她，就是不公平的；因为这

会留有一种可能性：该行为者“受困”于他/她碰巧所具有的那些心理特征。[61]如果这并不诉诸缺少充足的机会以避免谴责（我这里要搁置这一点），那么这似乎是一种更深层次的心理上精确性的要求，这被称为形而上学的精确性要求。这种要求基于这样一种观念，即“存在着‘一个人是什么样的人’的这种意义”，它比人们碰巧所具有的那些心理上的态度要更深入，并且不为后者所设定；另外，谴责和其它形式的道德评价都必须在这种更深层次的意义上，以“一个人是什么样的人”为基础。

如果这些假设是正确的，那么休谟认为道德评价所包含的那种自发性的自由不需要冷漠的自由，就是错误的。如果我们缺乏冷漠的自由（即如果我们那些心理上的态度和它们所导致的行为，是由因果律所支配的），那么（基于我们正在考察的那些假设），我们也就缺乏道德评价所需要的那种自发性的自由；因为没有什么能够保证我们的心理状态会精确地在道德评价所涉及的那种深层次上，反映出我们是什么样的人。

不过，我们应当接受这些假设吗？我认为不应当。我不明白要怎样理解那种更深层次意义上的“一个人是什么样的人”，后者应当独立于这个人碰巧所具有的那些心理上的态度。另外，如我提议 193
理解的那样，正是这些态度构成了我们之间的关系，并因此成为道德谴责的基础。

“一个人是不是选择了自己的各种态度”的这个问题，可能由于一个更深层次的原因而被看作是至关重要的。然而，该观念可能是这样的：一种态度并不是属于一个人的——在那种需要成为道德评价之基础的意义上而言，它并不是他/她的，除非持有这种态度是在此人的掌控之中，即能够回应此人的那种经过考虑的判断。[62]这种观念是吸引人的，不过在我看来是错误的。[63]

在要成为谴责或其它形式的道德评价之恰当基础的意义上，态度要成为一个人的，甚至都不需要受到此人的掌控或在纯粹心理学的意义上对他/她的判断有所呼应。当某物在我看来似乎是一种理由的时候，是由我来裁决它是不是一种理由的。在作为我可答复以及人们可以要求我来维护的那种判断的意义上来说，这取决于我；而在作为我的一种选择的意义上来说，一般而言，这并不取决于我。要在是做A还是做B之间作出选择，也就是处于这样一种位置，即通过恰当地判定，以使自己做这件或那件事。一般我们在判定理由的时候并不是这样。我们可以选择做A还是做B，但我们是在**判定**（而不是选择）某个既定的考量是不是一个很好的去做A的理由；就像在信仰的领域，我们判定（而不是选择）某个考量是不是我们信仰某物的理由。

194 一般而言，关于理由的态度并非源于自觉的判断，更别说是源于反省了。大多数时候，一些事物只是作为某些行为的理由（或是与之相关），才被我们想起，我们对于这件事根本没有任何事先的考虑。然而，尽管它们是不请自来的，尽管它们并非选择的对象，但从理论上而言，我们对各种理由的态度对我们的判断是有所回应的。如果我完全理性，那么当我经过深思熟虑判断之后说"一种早先看起来是某种行为之理由的考量实际上并不是一个理由"时，我就不会再将这种考量看作是一种理由。因此，在理论上或一般而言，我们对待理由的态度是在我们的掌控之中的。

然而，理论上成立的在现实中却往往并非如此。即使我很坚定地判断说一种考量并非是一个理由，但我仍然有可能将其看作是一个理由。如果雇用某个应聘者会让一个我不喜欢的同事高兴，那么这个事实会成为我反对雇用该应聘者的一个理由，即使我坚定地判断这并不是一个理由。人们可能会主张说，如果一种态度以这种方式拒绝了一个人的判断，并因此脱离于他/她那种经过深思熟虑的掌控，那么它就不是谴责的恰当的基础，因为它在相关意义上并不是他/她的。[64]

然而，我并不认为我们一般会接受这种观点，也不认为我们有很好的理由这样去做。当一些行为的结果不在行为主体的掌控范围之内的时候，我们至少有一些理由来反对为此而谴责行为主体："这些结果在行为主体的掌控范围之外"的事实，可能意味着，它们并没有告诉我们任何与行为主体的态度有关的东西。不过这一理由显然不适用于这个人的态度本身。即使这些态度与该行为主体的判断相反，它们也仍然是他所具有的态度。

例如，让我们考虑以下这种情况：一个人非常坚定地反对种族 195
主义的观点，但他经常会发现，当自己看到不同种族的人时会认为，他们的肤色的确是人们将其看作是低等的、不愿与之为伍的一个理由。我们可以推测，当他有这样的念头时，他会感到非常震惊并认为这些想法是错误的，同时为此感到羞耻。然而，这些念头还是会常常冒出来。这些反应与他的那些经过深思熟虑的判断相反（他不承认它们），这个事实使我们对这个人的判断有了意义重大的区别。它改变了我们对他是什么样的人的整体判断；不过，它并没有消除这些态度所具有的相关性。它们仍然是归因于他的，而且它们仍然冒出来的这种情况也是一种道德缺陷。这就是为什么他会被它们困扰，并为此感到羞耻。也许它们也并未达到那种他应当感到羞耻的程度。这便是个程度的问题：有多圆满、自制程度是多少以及我们彼此之间能相互要求多少。然而，如果这些反应并不是对这个人的意愿或判断的回应，而这个事实又使它们与道德评价无关，那么上述问题甚至都不会出现。[65]

当我们从陌生人之间的道德关系转向一些更为亲密的关系时，这一点就更为明显了。我们在友谊中所希望的是，朋友会自发地产生对我们的情感并关心我们利益，而不仅仅是当他们经过再三考虑之后，认为这些态度是友谊所需要的。如果一个朋友没有经过反思就不能为我们的幸福所触动，那么即便他（可能意识到自己的这一缺陷）总是在力所能及的时候帮助我们（因为他能够小心地监督自己并总是反思自己的义务），他作为朋友也是有所不足的。

196 在道德评价中，正如在这些更为亲密的关系中，经过反思和未经过反思的态度都很重要，持久性的未经过反思的态度也很重要，即使这个人经过反思而一贯地拒绝这些态度。在这两种情形中，这些不同种类的态度所具有的相应意义可能会不同。我们可能会说，在陌生人之间所适用的那种道德，在很重要的意义上与自制**有关**，而且我们希望它能够核查某人的那些即兴反应。某些针对他人的负面态度是道德上的过错，但要控制这些情感则是道德意识的一种重要的、被期待的功能。我们并不是要求每个人都完美无瑕，但关爱与友谊的关系则是另外一回事。爱不仅要包含一种别人无法期待的关心，这种关心还应当在很大程度上是一种即兴的、自发的情感，这也是很重要的（且不仅是一种理想）。

因此，自发性反应与经过反思的判断所具有的相应意义，在这两种情形中是不一样的。然而，基于友谊中自发性反应的重要性，如果我们说，“未经反思的那些反应在道德评价中并不那么重要，**因为**它们并不完全属于这个人”，那就是非常奇怪的。因此，与那些经过反思的判断相比，如果这些反应对于道德评价而言并没有那么重要，那么这也并不是因为它们在相应意义上不属于这个人，而是因为它们超越于我们能从陌生人那里要求的那种关心。正如我在上文中所说的那样，它们具有较少意义是一个实质性的问题，而且是一种程度的问题。

可能会有人抗议说，我没有足够认真地对待这样一种可能性所
197 具有的含义，即我的朋友不过是外在力量的傀儡而已。当然，该反对者可能会说，如果我得知我朋友的某个特殊的反应（如她对我的到访所表现出来的反应），只是由于某人在刺激她的大脑，那么她的这种反应就不具有我通常赋予的那种意义。如果这种控制发生在更远的地方、在更久以前呢？

对此，我的回应是，这是非常不同的一件事。一个朋友由于大脑的某个部位被刺激而作出某种反应，这个事实并不能告诉我任何

与**她**有关的有意思的事情。它**尤其**不能告诉我任何与她有关的有趣的事情，因为任何人在受到这样的刺激时，都会这样反应；并且，随着时间的流逝，它也不能告诉我任何与她有关的有趣的事情，因为我无法从它推断出，她对我的感情如何或她之后（在不受到这种刺激的情况下）会对我以后的到访作出怎样的反应。由基因和环境因素而来的“决定”是迥然不同的。它决定了一个人总体上看来是什么样的人，而不是从中产生一些反应。“具有某个特殊的反应的倾向（例如，强烈地喜欢或不喜欢某种情形的倾向），可以以这种方式得到解释”，这个事实并没有削弱那种程度，该程度部分地决定了一个人是什么样的人。

正如我在讨论谴责的伦理时所说过的那样，那些与一个人之所以成为现在这个样子相关的事实（例如，他之所以会具有某些态度是因为他童年曾遭受虐待），会改变我们对他的态度，而这些态度是恰当的；但并没有限定相应的程度，根据这种程度，他在道德上的那些不好的态度是归因于他的。如果一个人觉得没有任何理由来看重别人的利益，那么“他童年被残忍虐待所以导致了他现在的这 198
个样子”的事实，就使得“我们拒绝将他看作是可以信任、合作和友好的对象”是恰当的。他仍然是一个不值得信任的人，我们可以合理地拒绝他进入这样的关系之中。然而，正如我已经指出的，他“无法控制”成为他现在的这个样子，这个事实使我们不能恰当地去严厉谴责他现在的这个样子。再者，他也是个受害者，这个事实使我们无法不对他持有某些其它的看法，如某种同情或愿意给他提供某种帮助的那种情感。对他的那种恰当的态度并不是**纯粹的**谴责，即便谴责（我所描述过的那种被修改了的关系）仍然是恰当的。

两种责任

我已经论证过，谴责可能适用于一个人无法避免要拥有的那些特征，而且作为谴责之先决条件的那种责任，并不需要避免的机会。然而，另一种责任，它需要充足的机会以避免。我们有必要在这两种责任之间作出区分，而考虑这种区分会把我们引向一个问题：如果一个人的态度和行为源于一些外在于自己的、无法掌控的因素，那么他是否能够拥有所需要的那种充足的机会？

斯玛特（J. J. Smart）在论证“如果我们认为行为者缺乏自由意志时，该怎样改变自己的谴责观”的过程中，作出了如下的评论，就好像他是在讨论我们所说的这个主题一样：

199 在19世纪的英格兰，富人在争夺财富与地位的时候，完全不会考虑他那些失败的对手；他会看着他们饿死在贫民窟并且会说：“唉，他们曾经拥有与我一样的机会。如果那时我比他们更多地利用了这些机会，那不是我的责任，而是他们自己的。”他最有可能不仅是铁石心肠的，而且（正如我将要披露的）还会有一种抽象的困惑。当一个人说“遗传与环境使我成为了现在的这个样子，也使他们成为现在的这个样子”时，他就不太可能会跪下来为自己的这种铁石心肠和冷漠无情而祈祷忏悔。[66]

后来，斯玛特以同样的口气认为，一个人“会这样解释自己对那个不怎么幸运的邻居的冷漠，即他会说：‘他那时候不是和我拥有同样的机会么?’如果他带着我这样的动力和自主性去行动，他也会得到这些”。斯玛特接着说：“有一种意义，其中有一种完全忽视懒惰和没有动力的评论，这些在社会上是有用的，它们能刺激他人表现出更多的动力。”[67]

如同斯玛特对该富人的评论所进行的解释那样，这些评论包含了两种要素。首先，这位富人是在对贫困者表达一种负面道德评价，他谴责或蔑视贫困者的懒惰。其次，他试图证明，自己对贫困者的痛苦所体现出来的那种漠视是正当的；同时他也要通过引用

“他们曾经与我拥有同样的机会”的这个事实，来驳回那些反对他、要求他帮助或更好地对待贫困者的主张。斯玛特认为，这两种态度同起同落——当且仅当我们可以由于这些贫困者所作出的选择而谴 200
责他们时，这个富人对贫困者之疾苦的冷漠才是正当的。

通常我们会在政治对话中听到这样一种观念：责任和谴责之间具有这样一种关联。保守主义者们经常说，对于社会问题如城市犯罪、青少年怀孕和药物滥用等，人们通常有两种回应。一种是将这些看作是人们的糟糕行为，由此，相应的纠正方案就是：我们应当使他们成为更好的人。另一种回应是将这些社会问题看作是一些社会条件（如贫穷、不完整的教育体系等）的产物，由此，相应的纠正方案就是：改变这些条件。在保守主义者们看来，采取后一种方案就是否认个体应当为自己的所作所为负责。

人们也会听到左派表达出的一种态度，这种态度是对以下态度的一种回应：不愿意为了药物滥用和不自律这样的过错而去批评贫困者，因为人们认为以这种方式来“谴责受害者”会暗示“社会”没有义务帮助他们，因为他们的命运归咎于他们自己的道德过错。

这两种观点都是基于一种虚假的二分。我们是否能恰当地因为一个人的所作所为而谴责他，这是一个问题；而他是否要“为自己的命运负责”，并在此意义上减轻我们去缓解他的现状的义务，则是另外一个问题。这两个问题在斯玛特所举的例子中，可能会更容易混淆，因为他所描述的富人蔑视的那种懒惰，可能会被人们看作是一种道德缺陷。然而，如果“你要是像我那样选择，你就可以拥有我现在所拥有的一切”这句话具有说服力，那么当人们对那些没有道德过错的人说这句话时，它也同样是有力的。

例如，让我们来考虑一个例子。假设一个女人在年轻的时候选 201
择了一种清苦的、投身于艺术的生活，因此没有努力去发展那种可以找到高报酬工作的生涯。如果后来当她老了且体弱多病的时候，她开始抱怨自己贫困的生活并可能要寻求帮助，富人回应说，“如果她当时作了这样的选择，那么她现在的生活会好很多”，这种回应至少具有斯玛特所举的例子中的那种力度。它也可能具有**更大的**力度，因为在我所构想的例子中，她真的有这样的选择；而在斯玛特的例子中，那个贫困者可能根本就没有选择。富人的那种回应是否有足够的力度来抵消她获得帮助的权利，这是一个更进一步的问题。可能它并没有这样的力度。其意义只在于："你曾经可以选择"这句话所具有的力度，并不取决于这样一个事实，即我们现在讨论的那个人所作出的选择在道德上是值得谴责的。一个人可能要为自己的命运负责，这在某种意义上削弱了她向其他人寻求帮助的权利，但她并不需要为自己曾经作出的选择而受到道德上的谴责。

从反面来看，这一点同样真实。即使某特定问题源于人们的劣行，我们也不能据此推论说，对于该问题，社会没有义务去做什么。例如，这些人生长的环境或是导致他们行为糟糕的那些环境，可能在一个体面的社会里根本就不存在。因此，一个问题同时可能既是对个人进行道德批评的理由，**也是**呼吁社会行动的理由。

这些主张会产生混淆，可能是由于这样一个事实：在判断中使用“过错”这个术语，可能会表达两种意思，即谴责要包含对道德
202 过错的追究，和关于第二种责任的主张——我们可以表达为“这是他的过错!”。尽管这两种主张在口头表达上具有相似性，但实际上是大相径庭的。与第一种主张不同，第二种主张主要是一种关于“他人对这个人负有什么样的责任”的主张。

如果我们把谴责仅仅看作是一种负面道德评价，那这两者之间的区别就尤为明显了。根据这种解释，很显然，谴责所需要的那种责任就是我所说的“归因的责任”[68]。这里所需要的是，那些使谴责成为恰当的各种态度，实际上都能够作为这个人的而归因于他。正如我论证过的，要成为这样，以下两点并不是必需的：这个人一定要选择这些态度，他本可以通过恰当的选择而不持有这些态度。相反，“这是你的过错!”的主张表达的那种责任（我说的那种实质

性的责任）诉诸这样一种观念：这个人在我们讨论的这种情形中，已经有了“充足的机会以避免”。[69]

正如我所说过的，这种观念的地位对应于某人的这样的主张：他人有义务给她/他提供某些恩惠。这种回应预设了，这种潜在的义务并不是那种提供恩惠的义务，而只是一种将一个人放在某个足够好的位置以通过恰当的选择获得恩惠的义务；并且该回应认为这种义务已经得到了履行。

这里所说的“足够好”是至关重要的。“有选择的机会”并不是一桩要么拥有全部要么什么也没有的事情。许多因素，如手头上掌握的信息、拥有的各种选择以及各种条件（在这些条件下必须要作出选择），都会影响我们拥有这种选择机会的价值，这种机会原本是要作为一种保护策略以避免丢失恩惠。因此，这里的问题，不仅在于这个人原本是否可以通过不同的选择以避免目前的结果，还 203
在于他/她是否有充足的机会这样做。

如果把这一点应用于斯玛特所举的那个富人的例子，我们可以推测出，他认为贫民窟里的那个穷人是在抗议说自己没有一个更加舒适的生活。对此，富人的回应是：“没有人有义务为你提供一个舒适的生活，只能为你提供相应的机会，而你要抓住机会很努力地工作以获得舒适的生活。你曾经和我拥有同样的机会，因此你不能抱怨。”这一回应肯定会引起争议。即使这个贫困者的境况部分是因为他曾经作出的选择，人们也能想他是否处于足够好的环境中以作出这样的选择。不过该论证的整体结构是清晰而熟悉的。

按照我的解释，谴责不仅仅包括负面道德评价。因此，我的解释使关于是否值得谴责的判断更加类似于实质性责任的判断；要是根据一种纯粹的评价性解释，它们没有这么相似。[70]在我看来，这两种判断都包括了关于某些方式的实质性的主张，在这些方式中，我们与所讨论的个体互动或拒绝与他们互动，都是正当的。然而，关于是否值得谴责的判断所要拒绝的互动形式，并不是无条件的：

正如我所论证的，仅仅通过说明“他是什么样的人”，就能彻底证明对它们的搁置是正当的。因此，与实质性责任的判断（它可能通过“这是你自己的过错”而表达出来）不同，关于是否值得谴责的判断，像我解释的那样，并不需要诉诸“有充足的机会以避免”的观念就能够得到正当性证明。因此，实质性责任和道德上是否值得
204 谴责所预设的那种责任，仍然是不一样的，后一种责任并不需要避免的机会。

自由与避免的机会

然而，在有机会以避免的要求所适用的地方，它会带来一种更强的对自由的要求，并担忧我们可能会比在道德谴责的情形中更加不太容易搁置自由意志。[71]这个问题是足够明显的。假设一个人抱怨自己正承受着某种压力，而我们回应：“你曾经拥有与别人同样的机会，你本来可以避免这种压力，如果你选择去避免的话。”他可能会回答：“你说的‘本来可以’是什么意思？当我面临这些可选对象的时候，我的行为方式是由一些我无法掌控的因素决定的。”

人们可能会强调以下这一点来回应这种抱怨：所有被抱怨的就是这个人在纯粹心理学的意义上“本来可以选择”，这里他可以选择A或B，即如果他置身这样一种环境中，其中A或B能否实现取决于他如何回应，而且他也知道这一点。正如我说过的，在这种微弱的意义上，仅仅“可以作出选择”可能只具有一点点亦或根本就没有道德意义。大部分取决于那些使人们作出如此选择的各种条件：这个人掌握的信息的好坏、不存在竞争性的压力、各个备选项的吸引力，等等。这些因素围绕着“有充足的机会以避免”的观念，而斯玛特例子中的那个富人的回应，则由于我们的某种猜测而
205 变得无力，这种猜测是：这个贫困者作选择时所处的各种环境（他

可能作出了不同的选择），并没有在这种意义上给他提供充足的机会。

然而，无论作选择时所处的条件有多好，总有人会作出糟糕的选择，并因此带来足以让他们后悔的结果，而我们则需要能够回应他们的抱怨。他们可能会说："在大多数人认为是'好的条件'下，我'本来可以选择'的这一点，对我来说有什么益处呢？这些条件对**我**来说并不好！而且可以肯定的是，这些条件并不是根据我而给定的，也就是说，并不是根据那些使我成为我的遗传特性和环境而给定的。"

我认为，对此最好的回应是："给某人选择的机会"（在好的条件下），只是我们能做的、用来保护人们不要遭遇不期望结果的**一件**事情而已。它不是万无一失的，其它的各种保护措施也不是。例如，疫苗就并不是对所有人都有用。不过，根据"疫苗对某些人来说没有用"和"她因此得了这种病"的这两个事实，我们并不能推断出，当我们给她注射疫苗并采取其它公共医疗措施时，我们并没有做到像可以被要求的那样去保护她不被感染；如果我们做到了，那么她就不会抱怨。

与此类似，为了降低糟糕的结果降临到人们头上的可能性，我们能做的一件事情就是：将人们放在可以作选择的环境之中，这里他们在那种纯粹心理学的意义上，可以选择避免这些结果。如果条件足够好（如果所掌握的信息和相应的激励对大多数人而言都有效），而且如果我们采取了一切可能的手段来减低伤害的几率，那么若一个人还是作出了糟糕的选择并遭受伤害，他是不能抱怨我们的。也就是说，这个结果是他的责任而不是我们的责任，无论他在 206
更深层的意义上是不是能够自由地作出不同的选择。

根据这种解释，"本来可以选择"所具有的道德意义仅仅在于它是能够降低遭遇伤害之可能性的一种因素。我认为这与选择所具有的意义是一样，无论我们的选择是否由因果关系决定。有些人可能会认为，选择比这具有更大的意义。他们认为选择具有一种特殊的、许可的权力，它能赋予其结果以合法性；然而，只有当该选择并不是由那些外在于该行为者的因素所产生的时候，它才能具有这种意义。如果这是一般公认的观点，那么我愿意采取某种经过修正的观点。

然而，我正面地说明了（虽然是某种经过修正的说明），“一个人被给予选择的机会”这个事实是怎样具有道德意义的，即使这些选择是被一些因素所导致的；在此之后，我会用一种更为激进的方式来补充。这就是：要求那些不相容主义者们更加明确地解释，他们认为那些在道德上有意义的选择到底必须要具有什么样的自由；也要他们解释在这种意义上的那些自由的选择，怎么会具有一种特殊的、许可的权力。在我本人看来，这些问题并不能得到令人满意的回答。

一个例子：科斯比争论

我们可以通过考察一场由非裔美国人、喜剧演员比尔·科斯比（Bill Cosby）的言论所引发的争论，来解释我在前面章节中关于责任、谴责以及谴责的伦理所表达出的观点。2004 年，在一次由全国有色人种协进会（National Association for the Advancement of Colored People，简称 NAACP）、全国有色人种协进会正当防卫与教育
207 基金以及霍华德大学（Howard University）组织的纪念布朗诉教育委员会（Brown v. Board of Education）成立 50 周年的大会上，科斯比尖锐地批评了美国的那些贫困黑人。他批评他们的穿着、批评他们的不好的行为、批评他们不能说出流利的英语、批评他们无法适应学校以及从总的层面上批评他们不努力地去做需要做的事情以跻身美国社会前列。他还批评非裔美国人的父母们没能看到自己的孩子们纠正这些行为；他还批评那些年轻的黑人在没有准备好当好

父母的时候就有了孩子。他说："那些贫困黑人，在这一局中没能坚守住自己的目的。"不难想象，科斯比的言论获得了许多保守主义者的赞许，也遭到了自由主义者尤其是非裔美国人愤怒的谴责。这里我将集中讨论那些批评之声，这将帮助我们阐明前面章节中所讨论的许多观点。

科斯比本人是非常富有的，因此我们会很自然地认为，他的言论与斯玛特所假设的那个富人的言论差不多。一种对科斯比的批评包含了左翼的那种一般性错误，我在斯玛特的例子中讨论过这一点。这种错误假定：如果那些贫困黑人应当因为科斯比所指出的那些过错而受到批评，那么这会消解政府和同胞们所具有的那种改善他们所处环境的义务。正如我在上文中指出的，其实我们并不能推断出这一点。一些贫困黑人的确有可能应当由于那些自我毁灭性的行为方式而受到批评，但与此同时，出于正义，政府也应当做更多的努力去改善他们的生活条件——尤其是，政府应当做更多的事情 208
来保证没有人会生活在这种容易产生自我毁灭性行为的环境之中。

然而，由于许多人认为，我主张的那种谴责和责任之间的联系是不合法的，所以科斯比的言论可能会鼓励斯玛特列举的那个富人表达出自满情绪，并因此破坏那些帮助贫困者的项目。无论科斯比的意图可能是什么，他都会由于没有考虑到自己言辞所可能具有的政治结果而遭到批评。不过，我们还有一些其它的理由来批评他的言论。

很显然，似乎应当从我讨论的那种意义上来谴责科斯比所表达的内容。他是作为黑人社会的一员来发表演说的，他的听众主要是一些成功的黑人，他发表演讲的场合也是由一些致力于改善这个国家的黑人在法律、经济和社会等各方面条件的团体所赞助。因此，他的言论预设了他自己与听众以及他所批评的那些人之间具有某种联系，亦即在历史上受压制的群体成员之间所具有的联系。我们可以公平地将他的言论解释为是在说，目前许多低层次的黑人的那些态度和行为伤害了他们与其他黑人的关系，这种伤害使科斯比和他的听众相应地能够恰当地改变自己对他们的态度。

我们并不十分清楚，他要求人们在态度上要做什么样的改变，不过至少可能包括以下几个方面：第一，较少地同情黑人社会中的那些贫困者，并不再倾向于把他们主要看作是不公平的匮乏的受害者；第
209 二，悬搁一种团结，这种团结通常要求黑人社会的成员要维护其他成员不受到外面团体的批评，并且不要在外人面前批评黑人社会内部的其他成员。当科斯比说那些贫困黑人“没有坚守住自己”时，当他愿意在公开场合“自爆家丑”时，上述那些态度就非常明显了。这里科斯比并没有说，由于“低收入群体”没能“坚守住自己”，所以那些过得好一些的黑人和组织（如全国有色人种协进会）就应该不再觉得自己有义务去为他们服务。我认为科斯比当时并不是要表达这个观点，但他可能是在暗示，这并不是不值得讨论的。

为什么人们会认为这些关于谴责的表达是不合适的呢？可能有人会说，他只是在表达一种种族内部的敌意——黑人中产阶级不赞成并且不愿意与“低收入者”有所关联，这些人的穿着和言谈举止在科斯比看来是没有教养的。在科斯比的言论中，可能有这种因素，不过他也提到了一些更为严肃的问题，比如不负责任的抚养方式、在学校不努力学习，等等。如果这些更为严肃的批评在某种程度上是正确的，那么为什么还有人觉得他这样表达出来是不恰当的呢？

对此，一种回答可能会是：科斯比本人是幸运的，而且现在非常富有，但他的演讲表明他没有足够地同情贫困者的痛苦以及他们面临的困难。但这怎么会削弱谴责呢？相应的回答可能会是：一个人要是能够足够地同情和理解那些贫困黑人的疾苦，那么他就会明白，这些贫困者不得不与之抗争的那些条件使得人们不应当去谴责他们，即使他们并不能证明自己的行为是正当的。然而，这种回答
210 似乎会冒这样一种险，即否认那些贫困黑人是能够负责任的行为主体。另一种可能的答案大概会是：团结需要黑人社会中的那些幸运的成功人士（如科斯比），无条件地帮助自己的那些不太幸运的同

胞，并且不要因为他们一些公认的值得谴责的行为而不去同情和支持他们。这个答案可能会要求，过得好的那些黑人对待贫困者的态度应当有点像兄弟姐妹之间对待彼此的态度。

如果这样理解，那么可能会形成这样一种观念：黑人社会中那些目前过得相对比较好的人没有资格谴责那些生活艰难的黑人。然而，这种批评里似乎还有一种与科斯比特别有关的东西，它可能是：科斯比部分地是通过一部弱化美国社会种族问题的电视情景喜剧（该情景喜剧之所以受欢迎，部分是因为它弱化了这一问题），而出名并富裕起来的。由于科斯比否认种族现状，并鼓励白人社会否认这一点，那么他就破坏了自己与那些贫困黑人的关系。此外，由于他任由这些穷困黑人的生活不断滑落，那么他也就没有资格坚持认为，这些人由于不够自律（像以前那样）而让**他**丢脸。

我并没有试着充分评价这些回应科斯比的言论所具有的价值，肯定还有一些其它的、我没有考虑到的对这些批评的解释。我这里的目的只是在于表明，我提倡的那种谴责的观念怎样提供了一种伦理框架，其中许多批评是有意义并能够被评价的。

结论：我的观点是不是也是修正的？

我本章提出的主张可以分为两组。第一组的那些主张是分析性 *211*
的、规范性的。通过在可允许性和意义之间作出区别，我引起人们注意到一种特殊的道德回应，它有两个组成部分：第一个组成部分是与某行为的意义有关的判断，它表明了一些与行为主体有关的东西，而该行为主体与他人的关系由此又会受到伤害。这种判断依赖于我们讨论的这些关系是什么以及它们需要什么。第二个组成部分是一个人决定要对行为者所持有的态度，它反映出双方关系所受到的伤害。这可能体现出这个人对行为主体在态度上的转变，抑或仅仅是确认原有的对该行为主体的态度。一个人正当地决定要持有的态度，不仅取决于该行为主体已经做出的行为以及他/她这样做的理由，还取决于此人先前与该行为主体的关系（如朋友、邻居、同事、受害者抑或是某个生活在遥远的时空中并没有直接受到该行为影响的人）。

第二组的那些主张是一些解释性的主张，它们与我们那些是否值得谴责和谴责的观念有关。我曾经说过，我们应当把通常情况下关于是否值得谴责的判断理解为刚刚描述的一种结论：这个行为表明了该行为主体的某些方面，这些方面伤害了他/她与别人的关系。我认为，谴责某人就是对他/她持有某种态度，而上述判断认为这些态度是正当的。

即便第一组的那些主张是正确的，第二组的那些主张也有可能
212 是错误的：我对是否值得谴责和谴责所作的解释，也可能是修正的。人们有多个理由认为是这样的。

首先，在我看来，关于某人是否值得谴责的结论，实际上是关于此人态度的结论。一个人在某种场合下愿意做出某个行为的意愿能够证明这一结论；然而，在原则上我们基于其它的理由也能得出这个结论。因此，似乎我的观点没能充分解释这样一个事实：谴责总是**由于**某些行为的。我在上文中已经解释了，为什么我认为这种反驳并不是那么有力。

其次，可能有人会认为，按照我给出的解释，谴责的恰当性并没有根据行为主体和谴责者的关系的不同而有所变化。相反，人们可能会主张，谴责某人就是要接受一种负面的、关于此人品质或道德水平的评价性判断，而这种判断是任何人以同样的方式都可以作出的。如果这里有分歧，它也是关于我们道德经验之特征的分歧。我认为我的观点所具有的优势在于，它说明了我认为的谴责所具有的那种明显的多变性，也解释了它对于特定关系的明显依赖。这种观点的优势在它提供的那种被我称为“谴责的伦理”的说明中，体现得尤为明显。

最后，我关于谴责的解释可能会让某些人认为它是修正的，因为它认为人们可以由于一些自己无法掌控的事情而遭受谴责。在人们认为我的观点在这一方面可能是修正的同时，我想要强调：我在构建对谴责的说明时，并没有要避免自由意志的问题。因此，我的论证并不具有内格尔所批评的那种形式。内格尔写道："道德判断 213 的腐蚀并不是一种过于简单的理论的荒唐结果，而是当一种普通的道德评价观被用来说明更加复杂而精确的事实时所产生的一种自然的结果。因此，如果我们从结论的不可接受性推论出，我们需要一种不同的对道德责任之条件的说明，那么这就是一种错误。"[72]

我从"我们该如何理解那种普通的道德评价观"的问题开始。我提出了一种解释，在我看来，这种解释很好地说明了谴责的各种显著特征；在此之后，我接着考察是什么原因使人们认为，只有当事情都在行为主体的掌控之中时，对他的谴责才是恰当的。我的观点并不是我们应当排斥掌控这一条件，因为它具有令人难以置信的结果；而是说，当这个条件被应用于道德谴责时，我们并没有很好的理由首先接受它。[73]

许多人似乎认为这是一个显而易见的真理：谴责预设了某种自由或掌控了使一个人受到谴责的各种因素。在我看来，如果这是真实的，那么这也必须是因为谴责的某些特征；而且，人们还应当能够阐明为什么这些特征会导致对自由的需要。不过至今并没有人做到这一点。我考察了几种对谴责的阐释；也在心理上精确性和充足的机会以避免等各种观念中，甄别出一些在我看来是最合理的理由，这些理由使得我们认为，当我们的行为是由外在因素所导致的时候，谴责就需要那种我们所缺乏的自由。似乎这两种观念都没有像我认为我们应当理解的那样，将这种对自由的要求看作是谴责的 214 前提条件。如果这一讨论会促使他人对谴责进行不同的阐释，并对谴责和自由的关系进行不同的解释，那么我将不甚欢喜。

注　释

第一章

217　　[1] 它们可以分别对应于伊丽莎白·安斯康姆（Elizabeth Anscombe）所说的某行为者"做事的意图"和"他做某件事情的意图"。Anscombe，*Intention*（Oxford：Basil Blackwell，1958），9.

[2] 迈克尔·布拉德曼（Michael Bratman）强调了这方面的意图，参见 Bratman，*Intention*，*Plans*，*and Practical Reasoning*（Cambridge，MA：Harvard University Press，1987）。

[3] Judith Thomson，"The Trolley Problem，" in her *Rights*，*Restitution*，*and Risk*：*Essays in Moral Theory*，ed. William Parent（Cambridge，MA：Harvard University Press，1986），101-102.

[4] 弗朗西斯·卡姆（Frances Kamm）为此提出了一种解释。她说"在由于某事能够有一种影响而去做它，与为了产生那种影响而去做它"之间，有着一种概念上的差别。参见 Kamm，*Intricate Ethics*（Oxford：Oxford University Press，2007），95。如果我们恰当地理解双重效应，那么其背后的观念仅仅禁止后者。在环形轨道案例中，尽管行为者只是由于电车会撞到那个人并因此停下而行为，但是她并没有**为了**去撞到那个人而行为。尽管卡姆认为这一区分至关重要，但是她并不认为，这是对环形轨道案例中转变电车轨道这一行为之可允许性的合理解释。（*Intricate Ethics*，chap. 5）

［5］它源于汤姆森给我所举的一个例子。

［6］Judith Thomson，“Physician-Assisted Suicide：Two Moral 218
Arguments，” *Ethics* 109（1999）：517.

［7］乔纳森·班尼特（Jonathan Bennett）在下面这篇文章中表达了这一观点：“Morality and Consequences，” *The Tanner Lectures on Human Values*，vol. 2，ed. S. McMurrin（Salt Lake City：University of Utah Press，1981），99。

［8］我这里对原则的两种运用所作的区分，与阿兰·多纳根（Alan Donagan）在《道德理论》（*The Theory of Morality*，Chicago：University of Chicago Press，1977，55）中、乔纳森·班尼特在《行为本身》（*The Act Itself*，Oxford：Clarendon Press，1995，221-224）中所提出的第一和第二顺序道德并不相同。与他们所说的第一道德不同，我说的原则的慎议性运用并不**排除**会参考一个行为主体的信仰、目标或其它精神状态。它只是不像原则的批判性应用那样，会直接**需要**这些参考。

［9］在本章的较早版本当中，我将这两种应用称作回溯性的使用和预测性的使用。这具有误导性，因为正如我上文所指出的，原则在其慎议性使用当中所要回答的可允许性问题，可以被回溯性地、假设性地提出，也可以被预期性地提出。这也不是第一人称与第三人称之间的区别。我所说的批判性问题——某人是否以恰当的方式决定做什么——是人们可以询问自己的问题。而且，人们也可以以第三人称提出慎议性的问题——我们可以询问，在某种特定情形下，一个人应当做什么。

［10］T. A. Cavanaugh，*Double Effect Reasoning*（Oxford：Clarendon Press，2006），chap. 4，esp. 134.

［11］我所关心的是该如何理解这一原则，尤其是我们是不是最好这样来理解它：它将使用致命性武力的可允许性建立在行为主体的意图之上。因此，我将不会涉及以下诸多难题，如：这样一项原

则应当如何得到辩护？为什么战争应当悬置一些日常的道德要求？最初发动战争的可允许性问题、“战争”的相关意义是什么？等等。人们当然可能坚持认为发动战争的可允许性早就取决于意图：例如，旨在自卫而发动战争是可允许的，旨在征服而发动战争则是不可允许的。对此，我的回应如上所述：发动战争的可允许性并非取决于人们这样做的理由，而是取决于事实上到底有没有好的理由来这样做（假设我们能合理地相信一个人的真实状况）。当然，有这
219 样一种情况：在某种出于恶的理由而发动战争的情形中，同样也存在好的理由。不过，这也包含着对行为主体决定做什么之方式的评价（在我上文所说的批判性使用的意义上来运用发动战争的原则）。这不应当与以下主张相混淆：在这些情况下发动战争是不可允许的；这一主张是基于这一原则的慎议性使用而得出的。

第二章

[1] T. M. Scanlon，*What We Owe to Each Other*（Cambridge，MA：Harvard University Press，1998），298.

[2] 在这些情形中 A 所做的违反了我的原则 D 和 L。Ibid.，300－301.

[3] 这些考量为密尔（John Stuart Mill）所讨论的案例提供了一种分析。密尔所讨论的案例是：一个暴君从水中救起他的敌人，目的是为了将其折磨而死。参见 John Stuart Mill，“Utilitarianism,” *Utilitarianism and Other Essays*，ed. A. Ryan（London：Penguin Books，1987），290n。密尔观察到，这种行为与某人出于义务和仁慈而救人的行为之间的区别不仅仅在于行为者的行为动机——密尔在此意指“使他这样行动的感觉”。与此相反，在暴君案例中，“救这个人……仅仅是一种更残暴行为的第一步，这种残暴行为比让他溺水而亡要残暴得多”。若用我的术语来表达，我们关于这位暴君可以说两件事：第一，他打算做的进一步行为（将人

折磨而死）是错误的，所以他应当放弃这一意图；第二，只要他持有这种意图，他救人的这一行为就是在协助那种错误的行为。然而，结论却是：他应当摒弃他的意图，而不是应当让那个人溺水而亡。

[4] 可能某些双重效应学说的拥护者会否认这一区分，或至少会坚持认为，如果行为者认为（或考虑到她的一些其它信念而应当认为）一个行为是不可允许的，那么该行为就是不可允许的。这可能是从这样一种观念中获得其合理性的：一个行为主体如果去做她认为是不可允许的行为，那么她就是在错误地行为。不过，这种形式的话语回避了我在前一章中所强调的区别，即原则的批判性使用和慎议性使用之间的区别。见第一章当中的相关讨论。

[5] Judith Thomson, *The Realm of Rights* (Cambridge, MA: Harvard University Press, 1990), 229.

[6] Ibid., 233. 220

[7] 我说的是"至少在一些极端案例中"。因为某些理由，如极度的恐惧，可能会消解责任而同时又不使所做的行为成为可允许的。在这一点上，我要感谢 Ralph Wedgwood 跟我的有益讨论。

[8] 我将在第四章进一步讨论这个问题。

[9] 芭芭拉·赫尔曼（Barbara Herman）在《结果怎么了?》（"What Happens to the Consequences?"）一文中，论证道德评价的对象具有一种与此相类似的暂时的延伸。Herman, *The Practice of Moral Judgement* (Cambridge, MA: Harvard University Press, 1993), 94-112.

[10] 我将会在第三章和第四章更充分地讨论意义的观念及其在关系中的基础。

[11] 当各种理由对应于行为所指向的两种不同的对象并且这些对象指示着不同的方式来执行这些行为时，出于某种原因的行为与出于另一种原因的行为之间会有一种重要的差别。在这种情况下，

人们就需要判断出哪一种是主导性的理由。不过，在各种不需要在不同行为原因之间作出选择的情形中，我并没有看到一种类似的可能性。

[12] 这并不是说，可允许性仅仅适用于那些行为主体实际会选择的行为。人们可能会做出一些不可允许的事情但却意识不到这一点（比如，由于疏忽大意）。在这种案例中，不可允许的是那些不加小心的行为，因为如果行为主体选择这样去做，他就应当顾及这种小心。

[13] 相关的讨论参见 Pamela Hieronymi，"Controlling Attitudes," *Pacific Philosophical Quarterly* 87，no. 1（March 2006）：45－74。

[14] 克里斯汀·考斯卡德（Christine Korsgaard）在"康德的普遍法则"这一章当中表达了一个类似的观点。参见 Christine Korsgaard，*Creating the Kingdom of Ends*（Cambridge：Cambridge University Press，1996），84。

[15] 根据这种说明，可允许性的界限可能对应于康德所说的那种区别于德性之义务的正义之义务。康德认为，正义之义务是被那些人们可以被迫完成的义务区分开来的。Immanuel Kant，*Metaphysics of Morals*，trans. Mary Gregor（Cambridge：Cambridge University Press，1991），188，*Ak.* 383. 如果一个人被强制仅仅能做那些可以选择去做的事情，那么可允许性的范围似乎就对应于某些事物的范围，这些事物可能是康德意义上的正义之义务的对象。然而，有另一种关于强制的界限。人们可能会被迫接受某种特定的目的。若一名匪徒告诉我，如果他的女朋友在他服刑期间出了什么
221 事，我会死得很惨，那么我可能会努力完成这个目的，即保证他女朋友的安全和纯洁。不过，人们不可能会被迫接受某种**终极性的**目的。比如在这个匪徒案例中，如果一个人由于某种其它原因而接受了某种目的，那么这并非是这个人自己的一个终极目的。我猜测，

康德心里所想的正是这种界限，而不是那种基于选择的界限。

[16] 此处的论证与我在考察治疗性克隆案例时所进行的讨论，具有同样的结构。

[17] 下面这个例子来自杰拉尔德·德沃金（Gerald Dworkin）列举的一个例子。

[18] *Summa Theologica* II－II q. 64 a. 7. See Thomas Aquinas，*On Law，Morality，and Politics*，ed. William P. Baumgarth and Richard J. Regan（Indianapolis：Hackett Publishing，1988），225－227.

[19] 下文中的观点归功于我与 Japa Pallikkathayil 的讨论。我关于强迫的理解极大地受益于我跟她的讨论以及她的论文："Your Money or Your Life：Coercion in Moral and Political Philosophy，" PhD diss.，Harvard University，2008。

[20] 它们也可能会被人们称为"强迫性的威胁"，不过我们并不清楚，所有的这些威胁构成了该术语通常意义上的强迫。如果我威胁说，若老板不给我加薪我就要辞职，那么这就是我所说的刺激性的威胁。至于它是否构成了强迫，这是另一个问题；我希望能回避这一问题，因此我选择专门的术语。

[21] 我在下文中讨论了这些案例：Scanlon，"The Significance of Choice，" *The Tanner Lectures in Human Values*，vol. 7，ed. Sterling M. McMurrin（Salt Lake City：University of Utah Press，1988），149－216，and in Scanlon，*What We Owe to Each Other*，chap. 6。

[22] 我联系到选择的"象征性"价值和对家长制的反驳，讨论了这些案例。Scanlon，*What We Owe to Each Other*，253.

[23] 此处的反例是这样一种案例，其中发出某个威胁是可允许的，而实施它则是不可允许的（如出于核威慑的策略所声称的那样）。我在此处不会探索这种可能性，因为我所关心的是那些使威胁成为不可允许的考量。

[24] 各种理由的平衡，在很多案例中是不同的；在这些案例

中，给予自行决断力的理由，是为了给行为主体一种重要的掌控自己生活的力量，甚至可能是掌控对“受害者”而言至关重要的相同
222 方面的生活。这在诺齐克（Robert Nozick）著名的婚姻案例中也是如此。Robert Nozick，*Anarchy*，*State*，*and Utopia*（New York：Basic Books，1974），269. 他用这个例子来一般性地反对那种“对影响自身的东西可以发表言论的权利”。不过，这会将一种情况（其中双方受到威胁的利益大致相同），普遍化为另外一些情况（其中双方受到威胁的利益并不相同）。我应当进一步说，在这种论证中，诺齐克（差不多）是在用对手的术语去回应他们。在他看来，自行决断的权利，如雇主的权利，并不需要我在此处所论述的那种正当性证明。

第三章

［1］我讨论了一种更广泛的价值观念，参见 Scanlon，*What We Owe to Each Other*（Cambridge，MA：Harvard University Press，1998），chap. 2。

［2］考斯卡德写道：“当康德说，‘理性本质是作为一种目的本身而存在的。人类有必要这样去思考他自身的存在，因此这是行为的主观性原则’［G420］时，我将其解读为他是在主张，在我们私人性的理性选择中以及在我们的一般行为当中，由于我们的理性本质，我们将自身看作是一种赋予价值的状态。我们如此行为似乎我们自己的选择是行为对象之善的充分条件：这种态度内嵌于理性行为的主观性原则当中。” Christine Korsgaard，“Kant's Formula of Humanity，” in *Creating the Kingdom of Ends*（Cambridge：Cambridge University Press，1996），122－123.

［3］我在下文中讨论了这一点，参见 Scalon，“Reasons：A Puzzling Duality?” in *Reason and Value*：*Themes from the Moral Philosophy of Joseph Raz*，ed. R. Jay Wallace et al.（New York：

Oxford University Press，2004)，231－246。

［4］Ibid. 我对此种情形的处理所受到的批评以及一种更强的论证认为：即使在这种情形中，意图也并不能提供理由；参见 John Brunero，"Are Intentions Reasons?" *Pacific Philosophical Quarterly* 88 (2007)：424－444。

［5］Immanuel Kant，*Groundwork of the Metaphysics of Morals*. trans. James W. Ellington (Indianapolis：Hackett Publishing，1983)，36，*Ak.* 429.

［6］我考察了这些理由的意义，参见 Scanlon，*What We Owe to Each Other*，chap. 3，see esp. 126－133。

［7］这就是帕菲特所说的康德式契约论准则："人人都应当遵循这样一些原则，其普遍接受度是每一个人都能够理性地命令。" Derek Parfit，*On What Matters* (Oxford：Oxford University Press，forthcoming)，section 45. 在我看来，艺术中帕菲特所指的人们能够"理性地命令"的观念与康德所说的大相径庭。参见 *On What* 223
Matters，"How I Am not a Kantian"。

［8］Scanlon，*What We Owe to Each Other*，esp. chaps. 4 and 5.

［9］Parfit，*On What Matters*，Section 26. 我稍稍修改了这个例子。帕菲特说，尽管这个歹徒把卖咖啡的人仅仅当作一种手段，但是他所做的并没有错。

［10］Kant，*Groundwork*，11，*Ak.* 398.

［11］Barbara Herman，"On the Value of Acting from the Motive of Duty，" in *The Practice of Moral Judgment* (Cambridge，MA：Harvard University Press，1993)，12－15.

［12］Immanuel Kant，*Metaphysics of Morals*，trans. Mary Gregor (Cambridge：Cambridge University Press，1991)，section 46，261－262，*Ak.* 470－471.

[13] Kant，*Groundwork*，7，*Ak.* 393.

[14] Immanuel Kant，*Critique of Practical Reason*，trans. L. W. Beck（Indianapolis：Bobbs Merrill，1956），89，*Ak.* 86. 康德与我的观点之间的不同，可以追溯到更深的、对于理由的不同看法。我同意康德所说的，我们与他人之间的道德关系（我在第四章是这样命名的）的要求是无条件的。然而，由于康德的理性观以及他在理性和倾向之间所作的区分，他认为没有要求可以具有这种无条件的特征，除非它们是出于理性——也就是上述引文中所说的“出于更高的本性”。

[15] Christine Korsgaard，“The Right to Lie：Kant on Dealing with Evil，” in *Creating the Kingdom of Ends*（Cambridge：Cambridge University Press，1996），138.

[16] 考斯卡德可能会对此持不同意见。她或许会认为，在确立这些行为的可允许性时有一种更深层次的阻碍；如果我们只是说自己有理由反对被这样对待，就过于轻描淡写，甚至是说错了。

[17] 考斯卡德在《说谎的权利》的后半部分阐述了这样的观点。

[18] 可以对照卡姆所说的“超越自我的权威”。Frances Kamm，*Intricate Ethics*（Oxford：Oxford University Press，2007），87-89. 我同意卡姆所说的，此处最根本的错误在于：某人的计划危害性地、未经同意地牵连到他人。不过，在解释这种错误时，我不会像她那样把重点放在“侮辱”和“不尊重”等观念上。在我看来，这些观念在意义的层面上能被更好地理解，而在可允许性之决定因素的层面上则并非如此。

[19] 这是 Ralph Wedgwood 提出的观点。

224 [20] Judith Thomson，“The Trolley Problem，” in Thomson，*Rights*，*Restitution*，*and Risk*：*Essays in Moral Theory*，ed. William Parent（Cambridge，MA：Harvard University Press，1986），

94—116；see esp. 108—111.

第四章

［1］我曾讨论过广义道德与狭义道德之间的区别。Scanlon，*What We Owe To Each Other*，chap. 4.，171—178.

［2］Thomas Nagel，"Moral Luck，" in *Mortal Questions* (Cambridge：Cambridge University Press，1979)，28－29. Adam Smith，*The Theory of Moral Sentiments* (Indianapolis：Liberty Classics，1969)，175—176.

［3］Ibid.

［4］乔纳森·格罗夫（Jonathan Glover）描述了这样一种观点："我们当下的谴责行为包含了一种道德算计；其中某个人的行为被记录在一张非正式的存单上，目的在于评价他的道德价值。"Glover，*Responsibility* (London：Routledge and Kegan Paul，1970)，44. 沃森（Gary Watson）引用了格罗夫的观点，并质疑这种道德评价的意义何在。Watson，"Responsibility and the Limits of Evil：Variations on a Strawsonian Theme，" in *Perspectives on Moral Responsibility*，ed. John Martin Fischer and Mark Ravizza (Ithaca：Cornell University Press，1993)，125.

［5］这似乎是休谟的道德评价观。他写道："这是显而易见的，当我们褒奖某些行为时，我们只是关注那些促进这些行为的动机；并认为这些行为标志着或表明了脑海里或秉性中的某些原则。"David Hume，*A Treatise of Human Nature*，ed. P. H. Nidditch，book 3，part 2，section 1 (Oxford：Oxford University Press，1978)，476.

［6］P. F. Strawson，"Freedom and Resentment，" *Proceedings of the British Academy* 48 (1962)：1—25，reprinted in Gary Watson，Free Will，2nd ed. (Oxford：Oxford University Press，

2003)，72-93. 此次再版还有一些后续性的引用。斯特劳森并没有把反应性态度描述为谴责的各种形式，不过这种看法是其分析的一种很自然的应用。

[7] 对比一下乔安娜·诺斯（Joanna North）的“Wrongdoing and Forgiveness,” *Philosophy* 62（1987）：499-508。“一般而言，一个错误的行为使犯错的人与他所伤害到的人之间产生了距离。这种距离在于丧失了受害人一方的同情、感情或信任；这种距离也可以被看作是双方人际关系的一种破裂或扭曲。这种扭曲可能也会影
225 响他们与其他并没有受到直接影响的那些人之间的关系。”（502-503）诺斯没有言及谴责，她的主题是宽容。不过，我认为她的观点与我要阐发的观点是一样的，因为宽容可以被合理地理解为愈合或放下谴责。正如诺斯所写的：“宽容是一种修复的方式，它旨在修复与犯错者之间被损害的关系，或至少是迈向完全和解的第一步。”（503）我得益于斯图亚特·罗宾逊（Stuart Robinson），是他让我注意到了诺斯的文章。

[8] 为了预先避免让人认为我是在倡导一种特别严格的、高要求的友谊观，我将强调，我这里并不是在采取一种立场以表明在乔的案例中应当采取哪一种回应。我作此类比的意义在于引起人们注意谴责所涉及的那种回应。在任何特定的情形中，到底应该采取哪一种回应则是更进一步的问题。

[9] 此处感谢杰夫·金（Jeff King）和大卫·索贝尔（David Sobel）提出这个问题。

[10] 正因为如此，“期望”（expectation）一词由于暗示着具体的、关于某人将要**做**什么的期望，因而可能不是最恰当的词。可能“假设”（assumption）这个词会更合适。但我会继续谈论“期望”，因为该术语在这种语境下已经被广泛使用了。例如，R. Jay Wallace，*Responsibility and the Moral Sentiments*（Cambridge，MA：Harvard University Press，1993），20-25。华莱士（Wallace）的

观点与我的一样，都强调关系，而关系就在于双方对彼此持有特定的期望。在他看来，对某人具有某种期望，就“容易受到某种情感的影响，如果这种期望没有被满足的话；或者当期望没有满足的时候，会认为此人应当感受到这些情感”（23）。他的观点与我的观点的不同之处在于他强调这些反应性情感。

[11] 此处感谢塞缪尔·舍夫勒（Samuel Scheffler），他督促我有必要强调这一区分。

[12] 也有可能是，我从来就没有任何理由把他看作是我的朋友：这种想法只是我的一个错误或一种幻想。如果是这样，我就有理由修正我的意图和期望，但不会对乔产生类似于谴责的情感。这里我要感谢凯拉·爱拜什·达根（Kyla Ebels Duggan），她引起我对这种可能性的关注。与我所主要关心的那种道德关系相对应的可能性是，我错在把乔看作是一个理性的、能够与他人建立道德关系的主体。同样，在这个案例中，随之而来的态度上的转变并不会含 226
有类似于谴责的态度，因为并不是乔没有达到一种他置身于其中的关系所包含的标准。

[13] 诺文·理查德（Norvin Richards）引用他认为的这种关系的缺席，来反对“宽容就是与那个错误地对待我们的人重新建立一种关系”的观点。Richards，“Forgiveness,” *Ethics* 99（1988）：79.

[14] 与此类似，约翰·西科尔斯基（John Skorupski）认为，他称之为“感到谴责”（blame-feeling）所产生的这种特殊倾向是对那些人的一种不完全的暂时的“不认可”（withdrawal of recognition）；对这些人而言，人们感觉自己是道德共同体的成员。Skorupski，*Ethical Explorations*（Oxford：Oxford University Press，1999），151.

[15] 萨拉·奥拉克（Sara Olack）捍卫了这样的观点，参见“Punishment as Negative Reciprocity,” PhD diss.，Harvard University，2006。彼得·斯特劳森（Peter Strawson）的某些言论也暗

含了类似的观点。如斯特劳森所说，对于违反道德要求的恰当的反应，不只是诸如愤怒、非难和不满等反应性态度。他写道："这些态度趋向于抑制或至少限制我们对这些对象的善意，趋向于不完全地、暂时地收回我们的善意。"他接着解释了这种对善意的收回："部分地收回**这些**态度所带来的善意、对**它们**所带来的那种普遍要求（即人们在有可能的情况下应当免遭痛苦）的修改，并非是继续将他看作是道德共同体成员的结果，而只是把他看作是一个违反道德共同体之要求的人。因此，那种对冒犯者施加痛苦的默许（这是惩罚的核心内容），完全在我一直讨论的那些态度范围之内。"（Strawson，"Freedom and Resentment，" 90–91）

[16] 乔治·舍尔（George Sher）也认为，道德上的恶并不能使他们丧失权利，不过他们的健康和幸福的价值却被贬低了。Sher，*Desert*（Princeton：Princeton University Press，1987），148. 我将会论证，后者也未必如此，尽管我们可能会有较少的理由去希望他们幸福和成功，并为此感到高兴。

[17] 斯特劳森主张，愤恨包括"部分地收回善意"（"Freedom and Resentment，" 90–91）；这种主张可能会因为没有作出这一区分而获得合理性。我所列举的在谴责的情形中被收回的那些态度，如帮助他人实现目标的意图、愿意希望他/她诸事顺利的倾向，都可以被称为各种形式的善意。因此，在这种意义上，我会同意说，
227 谴责包括"善意的收回"；但并不同意说这种收回包括了"已准备默许施加的痛苦"（ibid.）。斯特劳森对"善意"一词的使用，同时绑定了一种非常合理的和一种非常具有争议性的主张。

[18] 这意味着，与值得谴责的判断不同，谴责在斯蒂芬·达沃尔（Stephen Darwell）所说的意义上是一种第二人称的态度。Darwell，*The Second-Person Standpoint*（Cambridge，MA：Harvard University Press，2006），chap. 4.

[19] 斯特劳森也注明，对于那些与某个行为具有不同关系的人

而言，不同的反应性态度都是恰当的。他在个人性的反应性态度（也就是那些受害方和受益方所具有的那些最重要的反应性态度）如怨恨，和“间接性的或非个人性的、不相关的或一般性的”反应性态度之间，作出了区别。他把道德上的愤怒归为后一类，并认为，尽管某人能为自己感到愤怒，但正是这种客观地、间接地被人持有的特性，使我们能够恰当地把这些态度称作是“道德的”。“Freedom and Resentment，” 83－84. 我将要区分的那种基于立场（standpoint-depentdent）的各种谴责，超越了斯特劳森在他的文章中所提到的那两种（即个人性的和间接性的，或一般性的）谴责（尽管他在更进一步研究这一主题后可能会识别出更多）。在我看来，道德谴责并不主要是间接性的、一般性的。使某些形式的谴责成为道德的，是那些关系（这些关系是对这种伤害的反应），而不是那些能够恰当地具有这些反应的人。在此，我感谢马丁·欧尼尔（Martin O'Neill），他引起我注意斯特劳森的这方面观点。

［20］这里我们回顾一下休谟的评论，“因此，由于各种性格和品性（基于人们与他人互动）的影响，我们谴责或表扬他”。*A Treatise of Human Nature*，book 3，part 3，section 1，582；Smith，*Theory of Moral Sentiments*，141－142，149. 休谟在描述纠正的过程中作出了这一评论；通过纠正，我们在那些贴近自己的道德判断和时空上远离自己的道德判断中达成了一致，并因此在不同观察者的判断中达成了一致。在我看来，对是否值得谴责的判断具有这种一致性，而谴责则不可避免地是多样的。

［21］根据休谟的论述，道德评价总是这种不偏不倚的（赞同或）不赞同。这就是为什么他认为它具有上一条注释所提到的那种一致性。

［22］Nagel，“Moral Luck，” 28. 内格尔的主张可能不仅仅是：我们没有理由更多地谴责 D 而更少地谴责 C（因为 D 比 C 要更坏）；228
而且他还主张，如果我们基于那些 D 不能掌握的因素而更多地谴责他，就是**不公平的**。我在本章后面“谴责与自由”一节中，讨论了

这一观念。

[23] 对谴责的评价性解释，同样可以扩展到关于道德结果运气的说明。人们可以在谴责与人们有理由赋予这种评估的意义之间作出区分：谴责是对某行为者之品性的负面评价，而后者可以受到该行为者所不能控制的行为结果的影响。正如亚当·斯密所说："我们对他这种愚蠢且残忍行为的愤怒，是由我们对那个不幸的受害者的同情所激起的。"（*Theory of Moral Sentiments*，191）这种扩展了的对谴责的评价性说明所存在的问题是，我们该如何理解这种增加了的意义。如果这个问题的答案是：人们与该行为者的关系是有意义的，那么这种论证就接近于我提出的那种论证。值得注意的是，斯密似乎用"赞扬"和"谴责"来表示对该行为者品质的纯粹的评价，后者在道德运气案例中是一以贯之的。(175) 他认为，一个行为的结果能够激起我们的愤恨和感激等反应。这些反应并不完全是评价性的，因为它们包含了一种乐意施加痛苦或转让益处的情绪。(138)

[24] 苏珊·沃尔夫（Susan Wolf）明确了这一趋势并认为，由于我们赞同那种愿意"对自己行为负责"，并且当有损失的时候能够广义地而非狭义地理解"某个人行为"的那种"不可名状的美德"，D应当比C更加关心自己的所作所为。Wolf，"The Moral of Moral Luck," *Philosophic Exchange* 31 (2001)：13. 她还写到，一个人之所以没有这种美德，是由于他没有"把自己过错的结果当作是对自己的结果，没有把它当作是自己历史中有意义的一部分"(12)。这接近于我所说的道德运气，只是我会把"对自己"改写成"对他与别人的关系"。如果一个人像沃尔夫那样，主要以一种评价性的方式来理解谴责（和负疚），那么她那种不可名状的美德就超越并独立于那种罪恶感。在我看来，这两者是密切相关的，因为两者都关心一个人的行为对自己与他人关系而言所具有的意义。

[25] 人们从公众人物那里所听到的"道歉"，并不具有这些功

能。因此，它们并不是真正意义上的道歉，只不过是表达对结果的一种追悔而已（例如在这句话中的情形："如果我的评论冒犯了任何人，那么我表示歉意"）。那些发表这种"道歉"的人，在相应的意义上并没有为自己的行为负责。负责任并不仅仅指承认自己的原因和过错，同样也承认自己的过错对他人而言所具有的意义，并因此要采取行动去修复自己与这些人的关系。 229

[26] 斯特劳森论证中的某些观点是对的：反应性态度如愤恨和感激，都不是评价。因此，如果标准的谴责观是评价性的话，那么斯特劳森所给出的就远离了标准的观点。

[27] 要了解这种关于关系的观点，参见 Tamar Schapiro，"What Is a Child?"，*Ethics* 109（1999）：715–738，esp. section 6。

[28] 以下是威廉·詹姆斯（William James）在这种被冷落或被忽视的情形中，对谴责所包含的那种形式（公认是一种激烈的形式）所作的论述："假设这样的事情真的是可能的，那么我们就不能想出比完全放任他，使之被全体社会成员所忽视更为友善的惩罚了。如果我们进入一个房间却没人回头，我们讲话却没人回应，没人在意我们的所作所为；如果我们遇到的每个人都忽视我们并当我们不存在；那么，我们的内心不久就会涌起一种愤怒和无力的绝望。从这种情感来看，最残忍的身体上的折磨都是一种宽慰。因为这让我们感到，无论我们的境况如何糟糕，我们都没有陷入那种根本不值得人关注的悲惨境地。"William James，*The Principles of Psychology*，vol. 1（London：Macmillan，1890），293–294. 引自 John Skorupski，*Ethical Explorations*（Oxford：Oxford University Press，1999），152。

[29] 这是由卡姆和其他人提出的反驳。乔治·舍尔提出了这一点以作为对休谟观点的反驳。参见 Sher，*In Praise of Blame*（New York：Oxford University Press，2006），12，30。

[30] Smith，*Theory of Moral Sentiments*，187.

[31] North, "Wrongness and Forgiveness," and Pamela Hieronymi, "Articulating an Uncompromising Forgiveness," *Philosophy and Phenomenological Research* 62 (2001): 529-555.

[32] 这似乎是一种有限的谴责的案例。然而，即便是我所说的那种意义上的把某人从我的人际关系中除去，我也并没有把他看作是超越于道德主体范围之外的。他仍然是一个人，我们仍然对他负有各种各样的责任。此处对照考斯卡德，*Creating the Kingdom of Ends*（Cambridge：Cambridge University Press，1996），200。

[33] 该例子来自于菲利普·佩迪特（Philip Pettit），"Responsibility Incorporated," *Ethics* 117（2007）：171-201。我对该案例的分析与他的有所不同。

230 [34] Korsgaard，*Creating the Kingdom of Ends*，211.

[35] Hieronymi，"Articulating an Uncompromising Forgiveness."希罗宁米的第三个条件并非由第一个条件推导而来，因为有可能是这样：这个人的所作所为的确是错误的，但并不是侵犯了对你所负有的义务。

[36] 这可能捕捉到了下面这一主张的合理之处，即罪犯欠惩罚。然而，这里需要注明两点。第一，在我看来，如果欠什么的话，那也不是惩罚而是谴责。只有当人认为谴责必须要包含惩罚时，这里才欠惩罚。第二，正如我在文中所说明的，我们并不清楚欠了什么——也就是说，我们并不清楚这里有什么责任。如果由于代价太大或由于我们太过忙于其它事务没有考虑他而没有谴责该罪犯，那么他是不是对我们有一种要求？在我看来，他并没有这样的权利。这里值得反驳的（亦即值得谴责的）是：**因为**我们并不认为他有能力做出有意义的行为，所以我们没有谴责他。

[37] 在这些情形中，没有谴责是否不仅是值得谴责的，而且是不可允许的？这是一个更进一步的问题。根据我给出的观点，谴责某人包括不再对他持有某些态度，例如以某种方式去信任他的那种

意图。这是我们能够选择去做或不去做的事情。所以，这是那种能够适用可允许性问题的事情。因此，它是一个根本性的道德问题：谴责有时候是不是不可允许的？与此相反，关于是否值得谴责的判断可能会反映出某些决定，但却并非是选择的问题。因此，它们就不是能够适用可允许性问题的各种态度，尽管它们可以成为其它类型的道德批判的对象。

[38] 此处感谢塞缪尔·弗里曼（Samuel Freeman）提出了这个问题。

[39] 这解释了盖瑞·沃斯顿（Gary Watson）的观察："如果一个人与另一个人共同承担一种道德过错，那么此人可能会感觉自己谴责他人是不合适的。这里的关键点并不在于，对方是没有责任的或是不应当被谴责的，而在于这根本就不是**这个人**能谴责的。一个人要首先看看自己的过错。" Watson, "Responsibility and the Limits of Evil," 145.

[40] 这里我们可以回忆一下希罗宁米关于宽容之先决条件的观点。

[41] 要注意的是，它并不是类似地削弱了我的结论（或说法）的恰当性，该说法是：你的行为是值得谴责的，只要我前后一致地承认这也适用于我自己的行为。这里讨论的现象关涉谴责，而非是否值得谴责。 231

[42] G. A. Cohen, "Casting the First Stone: Who Can, and Who Can't, Condemn the Terrorists?" *Royal Institute of Philosophy Supplements* 81 (2006): 113–136，由剑桥大学出版社于 2006 年 12 月 5 日在网上出版。

[43] 柯亨用的是"责备"（condemn），但我并不认为这两个词的差别具有多大的意义。

[44] 我将在下一小节"谴责与自由"中，进一步论述这一点。

[45] Waston, "Responsibility and the Limits of Evil," 138.

[46] 正如乔治·舍尔也论述过的。Sher, *In Praise of*

Blame，60.

［47］我们可以认为心理上精确性的要求为这种主张提供了基础理论，即道德责任需要约翰·马丁·费希尔（John Martin Fischer）所说的那种“指导性控制”。例如，参见 Fischer，*My Way*（Oxford：Oxford University Press，2006），14－28 and chap. 5。指导性控制反过来又有两个要素，费希尔称之为对理由的反应（reasons-responsiveness）和对调控的所有权（ownership of the mechanism）（18）。关于后者，参见 John Martin Fischer and Mark Ravizza，*Responsibility and Control*：*A Theory of Moral Responsibility*（Cambridge：Cambridge University Press，1998），230－239。费希尔认为道德责任并不需要他所说的那种强烈的对理由的反应（这一直以来都是某些备选行为的充分理由，若行为者受到同种调控的指引，那么他将会选择备选的行为）。参见 *My Way*，60－69。在坚持这种观点的时候，他同意我说的那种心理上精确性的要求。这里不太清楚的是，这种要求是否会需要他所说的那种“微弱的对理由的回应”。

［48］在指出这一点的那些人中，最有名的就是休谟。*A Treatise of Human Nature*，book 2，part 3，sections 1，2.

［49］Ibid.

［50］Galen Strawson，“The Impossibility of Moral Responsibility，” *Philosophical Studies* 75（1987）：5－24.

［51］Ibid.，9.

［52］有一种理解天堂与地狱的方式，能够理解我提倡的那种谴责观。基于这种解释，天堂与地狱的正当性与我们行为的因果决定论是相容的，尽管它可能与神学预言不能相容。

232 假如一个人与上帝的关系是他生命中最重要的事情，而他又一直正当地生活，那么在死后他将与上帝共存。这就是天堂所涉及的内容。然而，如果一个人的行为和态度使他与上帝的关系受到了伤害，那么上帝若再把这个人带到他那里去，就是不恰当的。上帝是宽容的，如果我们承认自己的罪、忏悔并接受他的爱，那么他就会对我们施以恩惠。然而，如果我们拒绝这样做，那么他把我们带入他的团契之中，就是不恰当的。上帝要这样做，他就像是一个人，他假装某人是自己的朋友，并按朋友的方式对待他；然而，实际上这个人的行为并不符合友谊的要求，并且拒绝放弃自己的这些不足、拒绝接受宽恕。这个人会在上帝面前永远消失。根据我提倡的观点，这就是地狱的意思。照这样描述，地狱可能是一种遭受折磨的遥远的哭声。（似乎更冷而不是更热。）然而，如果我们假设世界上存在邪恶，如果被排除在与上帝的关系之外就等于要被诱惑和邪恶所折磨，那么地狱听起来会更糟。

即使这样论证，天堂和地狱的观念也是非惩罚性的。其意义并不在于影响人们的行为，或是奖励好人而惩罚坏人；任何超越友谊的意义都是要奖励好朋友而惩罚坏朋友。一旦这样理解，我们就并不需要诉诸“个体有平等的机会避免地狱”这样的观念，来使天堂和地狱有意义，并在道德上是正当的。上帝并不亏欠我们，并不是要无条件地将我们纳入与他的关系之中，或是保护我们不受那种被排除在与他的关系之外的痛苦。我说的那种纯粹的应得的正当性证明是充分的。

然而，如果我们那种罪的本性和我们对神圣恩泽的拒绝是预先设定的（是由于上帝在创造我们时自己所做的决定），那么根据柯亨在《扔出第一块石头》（*Casting the First Stone*）中所讨论的那些理由，**上帝**就没有资格来谴责我们的这些过错，即使我们是应当被谴责的。当像我这样来解释地狱时，或根据一种更加传统的解释，这可能会削弱对地狱所作的那种正当性证明。柯亨将这称为“你使我这样做”的辩护（当然他并没有使用这个例子）。

当我们记住这种对地狱的解释时，那种认为我的谴责观“过于薄弱”（因为我主张的我们与每个人之间的那种“道德关系”太过抽象了，故而对人们没有太多的影响）的反驳观点，提出了一种可能的理由来认为（人们经常也这样主张），没有上帝就没有道德。这种观念并不是说，道德需要认可神圣的惩罚或奖励，而是说，
233 “一个人与上帝的关系被他的罪伤害了”的这种观念对人们是有意义的，而与大多数陌生人的关系则并不会受到伤害。正如露西·斯坎伦（Lucy Scanlon）指出的，一种类似的政治团结观可能是：“一个人对同胞负有义务”的观念（如在一个正当的政治秩序中作为拥有自由平等的参与者），太过抽象了而不能激发个体在需要的时候（如战争时期）作出牺牲。人们可能会说，我们所需要的是一种建立在某种关系上的忠诚观念，这种关系是每个人与国王或女王都有的，他们服务于后者，而后者反过来又关心他们的事务。

正如我在上文中论证的，我对此的回应是，他们与别人（甚至是陌生人）的关系受到了伤害，这是人们的确在乎的，且也会被此所触动。这体现在，在其它事情中，人们通常会愿意避免承认自己（无论是个人还是集体）错误地对待了他人。相对于有神论关于天堂与地狱的论述，我提出的替代方案可以通过重新解释萨特独幕剧《隔离审讯》（*No Exit*）（又译《禁锢》、《禁闭》、《没有出口》等）中的一句台词而总结为：“他人即地狱”。也就是说，地狱是与他人的关系，人们通过糟糕地对待他人而创造出地狱。

[53] 在那种经过修改的对谴责的说明中，这是一种核心要素，这种说明由斯玛特（J. J. Smart）在《自由意志、表扬与谴责》一文中提出。J. J. Smart，“Free Will，Praise，and Blame，” *Mind* 70（1961）：291-306. 不过它在更为标准的、对该话题（包括一般的关于天堂与地狱的观念）的思考中，也同样起着作用。为了给斯玛特说句公道话，我们应当注意到，我接下来要讨论的第二个问题不会给他带来麻烦，因为他并没有将自己的说明当作是对我们日常的谴责观的一种解释，而是要代替后者。在他看来，我们日常的谴责观是站不住脚的，因为他认为这种谴责观认同一种“自由意志的形

而上学”。我正提出一种对谴责的说明，在我看来，它更能表达我们的日常观念，而同时避免任何这样的认同。至于它是否也是经过修订的，是一个我将在本章的末尾要讨论的问题。

[54] 盖瑞·沃森论证说，只有当行为者能够理解道德的基本要求（即人们应当合理地照顾到他人）的时候，对他们的谴责才是恰当的。他这样写道：“由于那种反应性态度包括这种要求，那么当一些人没有充分掌握这一要求时，我们对他们表达这样一些态度就不是（或不完全是）恰当的。”并且，“这些反应性态度起初是一些交流形式，只有当他人能够理解这些信息时，它们才是有意义的”。Watson，“Responsibility and the Limits of Evil，” 127. 然而，在我看来，谴责本身——一个人根据另一个人在行为中所体现出来的各种态度，而改变自己对他的态度——并不是（甚至在起初就并不是）一种交流。关于谴责的表达是交流的形式，而且如果这个人不 *234*
能理解它们所具有的力量，它们就是无意义的。然而，我认为，这并不能使谴责本身成为不恰当的。

[55] 对基于应得这种观点的宽泛理解，与乔伊·费因伯格（Joel Feinberg）在“正义与个人应得”中对应得观念的分析是相一致的。Feinberg，*Doing and Deserving*（Princeton：Princeton University Press，1970），55-87. 他写道：“个人应得所具有的那种正当性，不仅只是被用于同某个规则或规定下所具有的资格相对比；还被比作甚至是等同于一个人的行为或品质与另一个人的反应性态度之间的那种‘适当性’。”（82）

[56] Scanlon，*What We Owe to Each Other*，274.

[57] 与此类似，费因伯格认为自己的应得观“反过来说明，那些回应性态度是人们应得的基本东西，而‘对待方式’仅仅是一种派生性的应得的东西，可能是因为它们是自然的或是表达道德上各种合宜态度的传统手段”。Feinberg，*Doing and Deserving*，82.

[58] 乔治·舍尔也注意到了那些未经分类的观念的弱点，这些

观念与那种“何谓合宜”的观念相关。Sher，*Desert*，114. 在道德应得的情形中，他提议要通过诉诸一种观念来补救这一缺陷，这种观念是：人们所具有的那些独特价值，源于他们是价值的追求者，他们又因此赋予自己所追求的对象以价值。由于那些有德行的人比别人在更大的程度上追求价值，因此他们自己也是更有价值的，并赋予了他们所追求的对象以更大的价值。因此，将幸福分配给有德行的人是恰当的，因为他们的幸福比别人的幸福更有价值；相应地，恶者则具有较少的价值。Ibid.，144－149. 这里可以对照 Robert Nozick，*Philosophical Explanations*（Cambridge，MA：Harvard University Press，1981），612。我的观点与舍勒和诺齐克的不同之处在于：我将“恰当性”具有的那种规范性力量，归因于某些关系的内部原因，而不是归因于这样一种价值观，如康德的道德价值观，这种价值观以一种更加非个人性的方式将其解释为世界上的一种有价值的东西。达沃（Darwall）也进行了一种类似的对比，参见 *The Second-Person Standpoint*，68。

[59] 因此，伯纳德·威廉姆斯（Bernard Williams）批判了他所谓的“道德”或“谴责系统”，其理由是：“当我们要求一种完全的自愿性，它能够打破性格上和心理上的决心并最终公平地基于该行为者自己的贡献而不多不少地分配谴责和责任的时候，那么就会存在一种压力。如果认为这种要求能够满足，那简直就是幻想。
235 （这与较少程度的自愿性要求相对，这后一种要求将性格主要看作是先天的。）” Williams，*Ethics and the Limits of Philosophy*（Cambridge，MA：Harvard University Press，1985），194. 我同意威廉姆斯所说的，这的确是一种幻想；并且我提出了一种关于道德和谴责的解释，它只需要“较少程度”的自愿性。

[60] 正如内格尔所写的，如果我们连贯地应用这样一种观念，即“只有当人们能够掌握那些事物时，我们才能因为这些事物谴责他们”，那么“在这一要求下，真正行为主体的界限以及合法的道

德判断的界限，似乎就要缩小至一种无广延的程度”。Nagel, “Moral Luck,” 35. 然而，他从中似乎要得出的结论与我所主张的却大为不同。这里的问题就是罗伯特·凯恩（Robert Kane）所说的“可理解性问题”——也就是说，是“我们最终能够为自己的行为负责”这种观念的可理解性。Kane, *The Significance of Free Will*（New York：Oxford University Press，1996），esp. 13－16，81－88. 要了解凯恩对这个问题的回答，参见 chaps. 7－9。我所论证的是，这种终极责任并不是道德责任所要求的；不过我应当注意到，凯恩至少在很大程度上注意到了决定论对行为主体对自己的看法所带来的威胁。诺米·阿尔帕里（Nomy Arpaly）也强调了这种威胁，参见 *Merit, Meaning and Human Bondage*（Princetion：Princetion University Press，2006）。这个问题被我称为自由意志的个人问题，它可能比另一个问题更加难以解决，这个更难的问题是解释为什么最终的责任不是道德谴责的先决条件。Scanlon，“The Significance of Choice,” in *The Tanner Lectures in Human Values*，vol. 7，ed. Sterling M. McMurrin（Salt Lake City：University of Utah Press，1988），149－216. 不过，不相容主义者们对这两个问题的回应，都同样会受到可理解性问题的威胁。

[61] 索尔·斯密兰斯基（Saul Smilansky）有力地论述了这一点：“除了尊敬和遵从（在我们自己的反应和行为中）身份、选择以及责任的道德义务，我们还必须不能忘记它们所具有的终极**任意性**。人们经常能被恰当地描述成内部和外部环境的受害者，后者使他成为现在所是的样子——这些环境从根本上来说超越于他们的掌控，他们没有真正的能力和机会去改变这些环境。这些位于他们的选择及由此而来的命运背后的环境，在一种更深层的意义上来说，并不是他们的过错。”“Free Will and Respect for Persons,” *Midwest Studies in Philosophy* 29（2005）：256. 在我看来，“某人是一个‘受害者’”的观念，可以从三个方面来理解：第一，如果一个

人在性格形成期所处的环境是非常恶劣的，那么这会改变我们与他
236 的关系，正如我在讨论杀手罗伯特·哈里斯的案例中所指出的那样。第二，这种观念，即“尽管我们的外在条件一直非常好，但我们还是受困于它们，因为它们以一种我们无法掌控的方式影响着我们”，会引发出那种心理学上的（或形而上学的）精确性观念，即我们不能由于自己的心理特征而被谴责，因为它们是环境强加给我们的，因此并没有真正地反映出我们是什么样的。正如我在书中所讨论的那样，在我看来，这似乎依赖于一种不连贯的、关于“我们到底是什么”的观念。第三，“我们受制于自己所处的环境”的观念，可能诉诸这样一种观念，即我们没有充足的机会以避免成为我们现在所是的人。在我看来，这并不适用于道德谴责的情形，在道德谴责中，并不需要机会来避免。它的确适用于那种错误更加严重的情形，我在下一节内容中将会讨论这一点。即使我们那些保证人们能为自己的选择负责的行为，能够得到正当性辩护，斯密兰斯基所描述的那种任意性还是具有相关性，正如我在《我们彼此负有什么义务》一书中所论述的。*What We Owe to Each Other*，294.

[62] 这在根本上可能是我在上文所提到那种心理上精确性的要求。不过，由于它具有独特的理论基础，因此值得我们单独地讨论它。

[63] 乔治·舍尔也反对这样一种观念：“没有人应当为超越于自身控制的那些事情而受到谴责。”Sher，*In Praise of Blame*，55－70.

[64] 内格尔在《道德运气》中提示了这一点，32－33。

[65] 我论证过这一点，并且在下一段中将要提出的一个观点，参见“Reasons and Passions,” in *Contours of Agency*，ed. Sarah Buss and Lee Overton（Cambridge，MA：MIT Press，2002），165－183。这里我要感谢与安吉拉·史密斯（Angela Smith）的讨论，参见她的“Agency，Attitude，and Responsibility,” PhD diss.，Harvard University，1999，and “Responsibility for Attitudes：Activity and

Passivity in Mental Life," *Ethics* 115 (2005): 236–271。

[66] Smart, "Free Will, Praise, and Blame," 291–292.

[67] Ibid., 305.

[68] Scanlon, *What We Owe to Each Other*, 248–249, 277–294.

[69] Ibid., 248–249, 256–267.

[70] 它们与我讨论过的更加类似，参见 *What We Owe to Each Other*, 248–249, 290–294。

[71] "道德责任需要充足的机会以避免"的观念会诱使一些人认为，这种观念需要费希尔所说的那种"调整性控制"，而不是"指导性控制"；这种"调整性控制"得到了心理上精确性的要求的 237
支撑。Fischer, *My Way*, 14–28, chap. 5.

[72] Nagel, "Moral Luck," 27.

[73] 内格尔考虑了三种道德运气：其一，一个人的行为在结果上的运气；其二，一个人在拥有某种品质时的运气；其三，一个人所处环境的运气。他将这三种都看作是这样的情形：其中我们要作出的关于是否值得谴责的判断与掌控的条件相冲突，即"我们不能由于一些并不是他们的过错或是超越他们掌控的因素，而在道德上谴责他们"(Ibid., 25)。我认为这三种情形是不同的。至于第一种情形，当一个人考虑到谴责的意义以及行为主体的品质时，他能够解释行为主体的行为是怎样在态度上造成不同的（人们有理由对他们持有这样的态度）。至于第二种情形，掌控的条件缺乏正当性证明。内格尔引用了第三种情形作为例子："如果纳粹没有在德国掌握大权，那么某个集中营中的长官可能会过着一种宁静且不会对他人造成伤害的生活。而一个在阿根廷过着宁静且不会对他人造成伤害的生活的人，如果在 1930 年由于商务而没能离开德国，那么他就可能成为集中营中的一名长官。"(Ibid., 26)

这些情形对我的观点提出的问题是：什么时候，某种情形中关于一个人的那些假定的事实会在另一种情形中改变他与别人的关系呢？似乎可能是：如果这些趋势完全都被掩盖，并且没有改变一个人的行为、思想或感情，那么它们就不会产生任何不同，而只有在某种情形中（其中这些趋势在某种程度上是起作用的），谴责才是恰当的。然而，情况也可能是：例如，机会主义、残忍或对权威的愚忠，会使一个人在纳粹政权下做出非常糟糕的行为；这些也可能是他在正常时期的一种人格。在这两种情形中，这种缺陷都会伤害他与别人的关系，尽管其意义可能会有所不同，我在讨论谴责一个人的行为结果时论述过这一点。当然，还会有一个认识论上的事实，即我们很难知道，一个人在他从来都没有遇到过的情境中会做出什么样的行为。

参考文献

Anscombe, Elizabeth. *Intention*. Oxford: Basil Blackwell, 1958.

Aquinas, Thomas. *On Law, Morality, and Politics*. Edited and with an introduction by William P. Baumgarth and Richard J. Regan. Indianapolis: Hackett Publishing, 1988.

Arpaly, Nomy. *Merit, Meaning and Human Bondage*. Princeton: Princeton University Press, 2006.

Bennett, Jonathan. *The Act Itself*. Oxford: Clarendon Press, 1995.

——. "Morality and Consequences." In *The Tanner Lectures on Human Values*, vol. 2, edited by Sterling M. McMurrin, 46–116. Salt Lake City: University of Utah Press, 1981.

Bratman, Michael. *Intention, Plans, and Practical Reasoning*. Cambridge, MA: Harvard University Press, 1987.

Brunero, John. "Are Intentions Reasons?" *Pacific Philosophical Quarterly* 88 (2007): 424–444.

Cavanaugh, T. A. *Double Effect Reasoning*. Oxford: Clarendon Press, 2006.

Cohen, G. A. "Casting the First Stone: Who Can, and Who Can't, Condemn the Terrorists?" *Royal Institute of Philosophy*

Supplements 81 (2006): 113—136. Published online by Cambridge University Press, 5 December 2006.

Darwall, Stephen. *The Second-Person Standpoint*. Cambridge, MA: Harvard University Press, 2006.

Donagan, Alan. *The Theory of Morality*. Chicago: University of Chicago Press, 1977.

Feinberg, Joel. *Doing and Deserving*. Princeton: Princeton University Press, 1970.

Fischer, John Martin. *My Way*. Oxford: Oxford University Press, 2006.

Fischer, John Martin, and Mark Ravizza. *Responsibility and Control: A Theory of Moral Responsibility*. Cambridge: Cambridge University Press, 1998.

Glover, Jonathan. *Responsibility*. London: Routledge and Kegan Paul, 1970.

Herman, Barbara. *The Practice of Moral Judgment*. Cambridge, MA: Harvard University Press, 1993.

Hieronymi, Pamela. "Articulating an Uncompromising Forgiveness." *Philosophy and Phenomenological Research* 62 (2001): 529-555.

——. "Controlling Attitudes." *Pacific Philosophical Quarterly* 87, no. 1 (March 2006): 45-74.

Hume, David. *A Treatise of Human Nature*, edited by P. H. Nidditch. Oxford: Oxford University Press, 1978.

Kamm, Frances. "The Doctrine of Triple Effect and Why an Agent Need Not Intend the Means to His End." *Aristotelian Society Supplementary Volume* 74 (2000): 21-39.

——. *Intricate Ethics*. Oxford: Oxford University Press,

2007.

Kane, Robert. *The Significance of Free Will*. New York: Oxford University Press, 1996.

Kant, Immanuel. *Critique of Practical Reason*, translated by L. W. Beck. Indianapolis: Bobbs Merrill, 1956.

——. *Groundwork of the Metaphysics of Morals*, translated by James W. Ellington. Indianapolis: Hackett Publishing, 1983.

——. *Metaphysics of Morals*, translated by Mary Gregor. Cambridge: Cambridge University Press, 1991.

Korsgaard, Christine. *Creating the Kingdom of Ends*. Cambridge: Cambridge University Press, 1996.

Mill, John Stuart. *Utilitarianism and Other Essays*, edited by A. Ryan. London: Penguin Books, 1987.

Nagel, Thomas. *Mortal Questions*. Cambridge: Cambridge University Press, 1979.

North, Joanna. "Wrongdoing and Forgiveness." *Philosophy* 62 (1987): 499–508.

Nozick, Robert. *Anarchy, State, and Utopia*. New York: Basic Books, 1974.

——. *Philosophical Explanations*. Cambridge, MA: Harvard University Press, 1981.

Parfit, Derek. *On What Matters*. Oxford: Oxford University Press, forthcoming.

Pettit, Philip. "Responsibility Incorporated." *Ethics* 117 (2007): 171–201.

Richards, Norvin. "Forgiveness." *Ethics* 99 (1988): 77–97.

Scanlon, T. M. "How I Am Not a Kantian." In Parfit, *On What Matters*.

——. "Reasons and Passions." In *Contours of Agency*, edited by Sarah Buss and Lee Overton, 165–183. Cambridge, MA: MIT Press, 2002.

——. "Reasons: A Puzzling Duality?" In *Reason and Value: Themes from the Moral Philosophy of Joseph Raz*, edited by R. Jay Wallace et al., 231–246. Oxford: Oxford University Press, 2004.

——. "The Significance of Choice." In *The Tanner Lectures in Human Values*, vol. 7, edited by Sterling M. McMurrin, 149–216. Salt Lake City: University of Utah Press, 1988.

——. *What We Owe to Each Other*. Cambridge, MA: Harvard University Press, 1998.

Schapiro, Tamar. "What Is a Child?" *Ethics* 109 (1999): 715–738.

Sher, George. *Desert*. Princeton: Princeton University Press, 1987.

——. *In Praise of Blame*. New York: Oxford University Press, 2006.

Skorupski, John. *Ethical Explorations*. Oxford: Oxford University Press, 1999.

Smart, J. J. C. "Free Will, Praise, and Blame." *Mind* 70 (1961): 291–306.

Smilansky, Saul. "Free Will and Respect for Persons." *Midwest Studies in Philosophy* 29 (2005): 248–261.

Smith, Adam. *The Theory of Moral Sentiments*. Indianapolis: Liberty Classics, 1969.

Smith, Angela. "Agency, Attitude, and Responsibility." PhD dissertation. Harvard University, 1999.

——. "Responsibility for Attitudes: Activity and Passivity in Mental Life." *Ethics* 115 (2005): 236–271.

Strawson, Galen. "The Impossibility of Moral Responsibility." *Philosophical Studies* 75 (1987): 5–24.

Strawson, Peter F. "Freedom and Resentment." *Proceedings of the British Academy* 48 (1962): 1–25. Reprinted in Gary Watson, ed., *Free Will*, 2nd ed. Oxford: Oxford University Press, 2003.

Thomson, Judith. "Physician—Assisted Suicide: Two Moral Arguments." *Ethics* 109 (1999): 497–518.

——. *The Realm of Rights*. Cambridge, MA: Harvard University Press, 1990.

——. *Rights, Restitution, and Risk: Essays in Moral Theory*, edited by William Parent. Cambridge, MA: Harvard University Press, 1986.

Wallace, R. Jay. *Responsibility and the Moral Sentiments*. Cambridge, MA: Harvard University Press, 1993.

Watson, Gary. "Responsibility and the Limits of Evil: Variations on a Strawsonian Theme." In *Perspectives on Moral Responsibility*, edited by John Martin Fischer and Mark Ravizza. Ithaca: Cornell University Press, 1993.

Williams, Bernard. *Ethics and the Limits of Philosophy*. Cambridge, MA: Harvard University Press, 1985.

Wolf, Susan. "The Moral of Moral Luck." *Philosophic Exchange* 31 (2001): 4–19.

索　引

图书在版编目（CIP）数据

道德之维：可允许性、意义与谴责/（美）斯坎伦著；朱慧玲译. —北京：中国人民大学出版社，2014.6
（政治哲学丛书）
ISBN 978-7-300-19540-7

Ⅰ.①道… Ⅱ.①斯…②朱… Ⅲ.①道德-研究 Ⅳ.①B82

中国版本图书馆 CIP 数据核字（2014）第 127321 号

政治哲学丛书
万俊人　主编
道德之维
可允许性、意义与谴责
[美] 托马斯·斯坎伦（Thomas M. Scanlon）　著
朱慧玲　译
Daode Zhi Wei

出版发行	中国人民大学出版社		
社　　址	北京中关村大街 31 号	**邮政编码**	100080
电　　话	010－62511242（总编室）		010－62511770（质管部）
	010－82501766（邮购部）		010－62514148（门市部）
	010－62515195（发行公司）		010－62515275（盗版举报）
网　　址	http://www.crup.com.cn		
	http://www.ttrnet.com（人大教研网）		
经　　销	新华书店		
印　　刷	涿州市星河印刷有限公司		
规　　格	150 mm×230 mm　16 开本	**版　　次**	2014 年 7 月第 1 版
印　　张	13.75 插页 2	**印　　次**	2014 年 7 月第 1 次印刷
字　　数	174 000	**定　　价**	38.00 元